하나님의 투자 수업

하나님의 투자 수업

© 생명의말씀사 2023

2023년 1월 27일 1판 1쇄 발행
2023년 11월 20일   2쇄 발행

펴낸이 | 김창영
펴낸곳 | 생명의말씀사

등록 | 1962. 1. 10. No.300-1962-1
주소 | 서울시 종로구 경희궁1길 6 (03176)
전화 | 02)738-6555(본사)·02)3159-7979(영업)
팩스 | 02)739-3824(본사)·080-022-8585(영업)

기획편집 | 서정희, 김자윤
디자인 | 김혜진, 최종혜
인쇄 | 영진문원
제본 | 보경문화사

ISBN 978-89-04-16819-4 (03230)

저작권자의 허락 없이 이 책의 일부 또는 전체를
무단 복제, 전재, 발췌하면 저작권법에 의해 처벌을 받습니다.

하나님의 투자 수업

서창희 지음

생명의말씀사

목차

추천사 _ 6
서문 _ 10

Part 1 하나님의 투자 수업 **기초편**

　　1. 경제적 자유라는 착각　21
　　2. 돈을 멀리할수록 하나님과 더 가까워질까　43
　　3. 손실 난 계좌를 어찌하면 좋으리까　65
　　4. 가치의 변화를 이해하기　93

Part 2 하나님의 투자 수업 **실전편**

　　5. 무엇을 먼저 소유해야 할까　125
　　6. 하나님은 어떻게 투자하실까　153
　　7. 무엇을 중심으로 살아야 할까　179
　　8. 무엇을 바라보며 살아야 할까　201

추천사

목사가 쓸 수 있는 가장 디테일하고 실천적인 '그리스도인 경제 생활 입문서'이다. 신학적으로 건전한 것은 물론이고, 목사가 쓴 글이기 때문에 예상할 수 있는 '하늘에 붕붕 뜬' 말이 거의 없다. 돈에 욕심을 가지지 말라느니(물론 맞는 말이다), 벌어서 나누라느니 하는 말만 잔뜩 있는 걸로 생각한다면, 이 책이 투자, 저축, 대출에 관해서까지 실천적인 지침이 가득하고 그것이 복음의 중요한 원리에까지 연결되어 있는 것을 보며 놀라게 될 것이다. 건전한 신학, 목회적 경험, 현실의 지혜가 몽땅 녹아 있다! 당장 우리교회 청년들에게 권하고 싶다!

이정규(시광교회 담임목사, 『야근하는 당신에게』 저자)

현재는 테크놀로지와 정보보안 분야에서 일하고 있지만, 거의 20년간 신용평가, 리서치, 금융상품 개발, Wealth Management를 담당하면서 정말 많은 기업과 개인이 어떻게 빚을 지고 또 한편 부를 이루는지를 관찰할 수 있었다. 특히, 초고액 자산가분들께 금융상품 포트폴리오를 제안하며 알게 된 점 중에 하나는 많은 분들이 자신의 성공이 아니라 다른 사람의 성장과 성공을 위해 제품을 개발하고 판매를 하다가 큰 부를 이뤘다는 것이다. 그 당시 그들이 크리스천인지는 알 수 없었지만, 성경의 원리를 누구보다 잘 알고 실천한 분들이라는 생각은 여전히 지울 수가 없다.

  하지만 최근 사람들이 모이는 곳에서의 부에 대한 대화는 그것이 크리스천 모임이라 할지라도 '누가 어디에 부동산을 샀는데 얼마큼 상승했다더라.', '코인을 얼마 했는데, 이만큼 벌었다더라.'를 크게 뛰어넘지 못하고 있는 것을 보게 되어 무척 안타깝다. 그러한 면에서 『하나님의 투자 수업』은 지금 이 시대의 크리스천이라면 반드시 실천해야 할 투자의 원리를 성경적 관점에서 알기 쉽게 안내하고 있으며 우리가 무엇을 궁극적으로 목표해야 하는지를 명쾌하게 설명해 준다.

유소희(한국씨티은행 정보보안부 수석)

  크리스천은 돈을 어떻게 바라보고 다루어야 할까? 매우 중요하면서도 어려운 문제이다. 그동안 하나님과 동행하며 경제적 원리에 종속되는 것이 아닌, 승리하고 자유하는 크리스천들을 많이 봐왔다. 각자에게 적용하는 모습은 다르겠지만 이 책은 그 원리와 비밀을 설명한다. 돈에 끌려가지 않고 회피하지도 않으면서, 제자로서의 현명하고 능력 있는 재정 관리를 원하는 모든 분께 이 책을 추천한다.

현승원('현승원TV' 유튜버, 디쉐어 의장)

"크리스천의 재정 관리, 이런 게 궁금해요!"

Q. 돈을 '맘몬'으로 생각하며 경계했는데 크리스천이 투자라니… 괜찮을까요?

Q. 성경은 '생육하고 번성하라'라고 하지만 현실적으로 결혼과 육아에 드는 비용을 생각하면 자신이 없어요.

Q. '피차 사랑의 빚 외에는 아무에게든지 아무 빚도 지지 말라'고 했는데 요즘 대출 없이 어떻게 집을 사나요?

Q. 주식을 시작했다가 손실을 보고 있어요. 하나님 앞에서도 죄책감이 들고 그 생각만 하면 미치겠어요.

Q. 친구들은 수고한 자신에게 주는 선물이라며 비싼 물건을 사거나 좋은 곳으로 여행을 다녀요. 저도 가끔은 따라하고 싶은 마음이 들어요.

Q. 크리스천이 '파이어족'이나 '투잡'을 꿈꿔도 되나요? 직장은 하나님이 주신 소명이라고 생각했는데 뭐가 맞는 건가요?

서문 목사가 투자에 관해 쓰게 된 이유

"교회 가면 코인 투자 알려 주니?"

많은 사람이 주식과 코인에 관심을 갖고 그쪽으로 자금이 몰리던 시절, 한 교회 청년이 자신의 친구를 전도하려다가 위와 같은 질문을 들었다고 합니다. 청년이 친구에게 교회에 가자고 했더니 싫다고 했대요. 그 친구는 근로소득만 가지고는 자기 미래를 만들어 가기가 어렵다는 생각에 여러 투자 공부를 시작했답니다. 인플레이션이 지속되고, 아파트값은 너무 비싸고, 연봉은 오르지 않는 현실 속에 다른 파이프라인이 필요하다는 생각을 한 거죠.

그래서 아침마다 강의를 듣고, 근무하면서 틈틈이 주식과 코인 차트를 들여다보고, 퇴근하면 다시 부동산 투자를 공부하는 바쁜 삶의 한복판에 예수를 믿는다는 자기 친구가 너무 웃기고 철없는 이야기를 한 겁니다. 교회에 가자니?! 닥쳐올 위기, 아니 어쩌면 '이미 현실이 되어 버린' 사실상의 재정적 파산 상태를 자각하지는 못하고 교회 타령이나 하다니요. 자신의 친구가 역으로 한심하게 느껴졌을 겁니다. "교회 가자는 말 그만하고, 너도 이 강의나 들어 봐! 너 언제 월세 벗어날래?"라고 했을지도 모릅니다. 이렇게 투자의 세계에서 신앙은 현실적이지 않은 그저 이론일 뿐입니다.

오전 9시, 회사마다 붐비는 화장실

 주식 투자자들에게 가장 중요한 시간은 장이 시작하는 오전 9시입니다. 장기투자가 아니라 차트를 기반으로 한 데이트레이딩 참여자들에겐 거래량이 몰리는 장 초반의 매매가 가장 중요하거든요. 하지만 직장인들에게 9시는 업무를 시작하는 시간이다 보니 눈치가 보입니다. 그래서 모두 배가 아픈 척 화장실로 달려가 문을 잠급니다. 거기서는 편하게 핸드폰으로 주식 호가창을 볼 수 있으니까요.

 하지만 같은 관심사를 가진 사람들은 서로를 알아보게 되어 있습니다. 회사에는 신입 사원만 주식 투자를 하는 게 아니잖아요. 과장님도, 부장님도, 심지어 사장님도 주식 투자를 하고 있었던 겁니다. 서로가 쉬쉬하지만, 매일 같은 시간 화장실에 가는 모습을 보고 모두 알고 있었던 거죠. "너도 주식 하는구나!" 하지만 물증은 없습니다. 그가 화장실에서 주식을 하는지 볼일을 보는지는 아무도 모릅니다.

 결국 한 회사 사장님이 대담한 결정을 내렸대요. 그분도 주식을 하는 사장님이었는데, 직원들이 9시만 되면 어쩔 줄 몰라 하며 몰래 폰을 들여다보고, 화장실을 들락날락하는 모습에서 '긍휼'을 느꼈나 봅니다. 투자자로서 동병상련이랄까요? 이렇게 주식에만 눈이 팔려 회사 업무를 소홀히 하는 것보다는 차라리 직원들에게 조금의 여유를 주는 것이 낫다고 생각하셨나 봅니다. 그래서 전 사원을 모아 놓고 이렇게 말씀하셨답니다.

"자, 우리 시원하게 주식하고, 9시 30분부터 업무 시작합시다!" 회사에서는 환호성이 터져 나왔습니다. 투자는 이미 근로자들이 업무를 바라보는 태도와 업무 환경마저도 바꾸어 놓고 있습니다.

투자 이야기를 할 수 없는 교회

교회 밖에서는 모두 투자 이야기입니다. 저는 지난 약 3년간, 카페에 앉아 신기한 경험을 했습니다. 보통 카페에서는 옆자리 이야기가 들리기 마련인데, 옆 테이블에서 하는 이야기 중에 부동산 이야기가 빠진 적이 없었습니다. 둘 중 하나, 셋 중 하나는 무조건 부동산 이야기가 나왔습니다. 그만큼 이 시대를 사로잡고 있는 주제라는 것이지요.

하지만 교회에서는 이야기를 못 합니다. 성경 말씀이 생각납니다. "네 보물 있는 그곳에는 네 마음도 있느니라"(마 6:21), "한 사람이 두 주인을 섬기지 못할 것이니 혹 이를 미워하고 저를 사랑하거나 혹 이를 중히 여기고 저를 경히 여김이라 너희가 하나님과 재물을 겸하여 섬기지 못하느니라"(마 6:24). 성경은 돈과 하나님을 대립하는 것으로 설명하는 것 같습니다. 돈을 추구한다면, 곧 하나님을 추구하지 않는 사람임을 자인하는 꼴입니다. 대놓고 죄인이 될 순 없잖아요? 그러니 돈 이야기, 투자 이야기는 교회 밖에서 해야 합니다. 내 삶의 99%는 돈이나 투자와 관련된 일인데, 교회에서는 그걸 빼고 이야기해야 합니다. 그래서 교회에서 들리는 메시지, 교회에서 나누는 내 삶이 사실 와닿지 않습니다. 가식적입니다. 가장 중요한 것을 빼고 이야기해야 하니까요.

"목사님, 제 계좌 좀 보여 드릴까요?"

저는 투자하는 사람들이 하나님을 떠나 돈에서 헤엄치며 즐거워하는 줄 알았습니다. 목사로서 투자의 탐욕을 경계하는 이야기를 더 많이 해야 하는 줄 알았습니다. 그러나 대부분의 사람은 투자 속에서 즐거워하는 것이 아니라 힘들어하고 있었습니다.

주식 투자를 하던 어떤 형제가 모임 중에 고백했습니다. "목사님, 제 계좌 좀 보여 드릴까요?" 그는 투자금의 손실이 -80%에 육박하고 있음을 고백했습니다. 제가 충격을 받아 뭐라고 말해야 할지 모르고 있을 때, 옆에 계시던 집사님이 위로하며 대답했습니다. "힘내요. 괜찮아요. 저도 -40%이에요." 그분들은 모두 교회에서 신실하게 예배드리는 신앙인들이었습니다. 처음으로 한 명이 자신의 손실을 고백하자, 너도나도 숨겨진 손실을 고백하며 그 모임에 진실함이 흐르기 시작했습니다. "그러므로 너희 죄를 서로 고백하며 병이 낫기를 위하여 서로 기도하라"(약 5:16)라는 말씀이 떠올랐습니다. 죄 대신 손실을 고백하니 모임에 생명력이 넘치는 느낌까지 들더라니까요.

저는 그 고백들을 들으며, 목사로서 이 투자라는 주제에 대답해야 함을 느꼈습니다. 이것은 단순한 돈의 문제가 아니라 영적인 문제였습니다. 단순한 성공과 실패가 아니라 성경이 말하는 의로움, 죄 사함, 정체성의 문제가 섞여 있음을 느끼게 되었습니다.

죄의 고백 = 손실의 고백

이 시대의 죄의 고백이란 곧 손실의 고백입니다. 왜 그럴까요? 이 시대의 율법이 돈이기 때문입니다. 간음하지 말라는 법이 있습니다. 그런데 내가 간음을 저지르고 법을 지키는 데 실패했습니다. 그러면 나는 죄인이 됩니다. 기준이 되는 법이 무엇이냐에 따라 내 인생이 판단 받기 때문입니다. 돈을 많이 벌어야만 인정해 준다는 법이 있습니다. 인플레이션 때문에 가만히 있으면 가난해진다는 위협까지 받습니다. 뭐든 움직여야 한다는 생각에 투자를 했습니다. 그런데 내가 내 돈을 지키는 데에 실패했습니다. 그러면 나는 죄인이 됩니다. 돈이 법인데, 돈을 지키지 못했기 때문입니다.

문제는 어느 방향을 선택해도 죄책감을 느낀다는 것입니다. (1) 인플레이션 속에서는 가만히 있는 것이 곧 돈을 잃어버리는 일이라고 합니다. 그렇다면 가만히 있으면 죄인입니다. (2) 가만히 있지 말고 무언가 해야 할 것 같습니다. 돈 좀 벌어 보려고 했더니 성경에서는 탐욕을 경계하라고 말합니다. 돈을 추구하면 안 될 것처럼 말합니다. 결국 투자를 하면 탐욕을 따르는 것 같아 또 죄인이 됩니다.

(3) 잘돼서 십일조라도 많이 하면 좋은데, 투자했다가 손실을 봤습니다. 하나님이 주신 돈을 잃어버렸으니 수익을 못 내서 다시 한번 죄인이 됩니다. (1) 가만히 있어도 죄책감 (2) 돈을 추구하면 하나님 앞에서 죄책감 (3) 손실을 보면 돈 앞에서 인정받지 못한다는 마음에 또 한 번 세상에서 죄책감과 자격 없음을 느낍니다. 난 어딜 가나 죄인입니다.

투자에 실패하거나 돈을 벌지 못하면 죄인입니까? 그렇다고 돈 벌 궁리를 안 하고 살면 너무 안일한 것 아닙니까? 그럼 도대체 어떻게 해야 합니까? 저는 목사로서 이 책을 통해 위의 질문들에 대답해 보려고 합니다.

목사가 쓴 투자 이야기

이 책은 '투자법'을 설명해 놓은 책이 아닙니다. 그것은 성공한 투자자가 해야 할 일입니다. 이 책은 '투자 실패 경험담'을 설명해 놓은 책도 아닙니다. 그것은 실패한 투자자가 해야 할 일입니다.

이 책은 목사가 쓴 책입니다. 저는 경영학과를 졸업하고 회사 재무실에서 근무한 사람입니다. 한때 투자 학회에서 밤을 새워 공부했던 사람이기도 하고, 개인 투자를 경험했던 사람이기도 합니다. 투자를 전문적으로 하진 않았지만, 일반적인 분들보다는 투자에 대한 풍부한 배경을 가지고 목사가 되었습니다. 목사가 되어 성경을 정리하면서, 그리고 다양한 성도님들의 투자 경험을 들으면서 하나님 앞에서 여러 가지 투자를 바라보는 관점을 정리할 수 있었습니다.

이 책에서는 투자를 결정할 때 하나님 앞에서 고려해야 할 요소들, 투자 안에서 느끼는 이 영적인 죄책감들을 해결하는 방식을 다룰 것입니다. 근로소득, 자본소득, 인플레이션, 파이프라인, 코인, 단타, 장기 투자, 부업 등 요즘 투자로 핫(hot)한 단어들 안에 숨겨진 영적인 기회와 속임수들을 성경적인 관점에서 바라볼 것입니다.

돈에 팔리신 예수님

책을 시작하기 전에 한 가지 말씀드리고 싶은 것은, 제가 예수님 이야기를 자주 하게 될 것이라는 점입니다. 이것이 투자의 핵심이기 때문입니다. 저는 이 책의 모든 내용을 예수님으로 풀 것입니다. 기독교에서는 예수님이 우리의 죄를 대신하여 십자가에 달려 돌아가셨다고 합니다. 그것을 믿는 사람들은 구원 받는다는 것이 기독교의 핵심 진리입니다.

우리는 지금 투자 때문에 고민하고 있습니다. 예수님이 참된 구원자시라면, 우리를 돈의 문제, 투자의 문제에서 구원해 주실 것입니다. 왜 그럴까요? 예수님은 나 대신 돈에 팔린 분이시기 때문입니다.

> 내가 예수를 너희에게 넘겨 주리니 얼마나 주려느냐 하니 그들이 은 삼십을 달아 주거늘(마 26:15).

여러분이 기독교 신앙을 가진 사람이 아니더라도, 돈 때문에, 투자 때문에 고민하고 있다면 먼저 이 말씀을 꼭 기억해 보세요. 예수님은 나를 위해 돈의 거래에 종속되신 분입니다. 돈 앞에 끌려가신 분입니다. 예수님이 나 대신 돈에 끌려다니셨음을 믿으시나요? 만약 그렇다면, 내가 지금 돈 때문에 고통을 겪고 있는 그 형편이 어떠한 것이든, 예수님은 그곳에서 나를 구원하실 수 있는 능력이 있으신 분임도 함께 믿어야 합니다.

투자의 실패로 힘들어하고 있든, 복구하지 못하는 금액 때문에 잠을 이루지 못하고 있든, 놓쳐 버린 부동산의 기회 때문에 한탄을 하고 있든, 그 어떤 상황이든 예수님은 구원을 주실 것입니다. 예수님이 나 대신 돈에 팔리셨기 때문입니다. 저는 그분이 어떻게 우리를 투자의 세계에서 구원하시는지 살펴보려고 합니다. 이 책을 통해 투자의 주인 되신 예수님만 여러분의 마음에 남기를 바랍니다.

Part 1

하나님의 투자 수업
기초편

1. 경제적 자유라는 착각

누가복음 14:25-35

파이프라인

요즘 '파이프라인'이라는 말이 유행입니다. 파이프라인이란 근로소득을 제외하고 개인이 추가적으로 벌어들일 수 있는 수입원을 일컫는 말입니다. 온라인 스토어에서 물건을 팔거나, 오피스텔을 소유한 후 임대하여 월세를 받거나, 주식 투자를 통한 배당금 수익을 추구하기도 합니다. 근로소득 없이도 견고한 파이프라인을 구축해야 노후 대비가 든든하고, 잘만 하면 젊었을 때 은퇴하는 파이어족도 가능하다는 전략이지요. 조금만 노력해서 파이프라인을 만들어 두면 훨씬 더 편하게 살 수 있다는 조언들이 많이 들립니다.

"월급 받는 만큼만 일하세요."

요즘 투자를 가르치는 곳에 가보면 한결같이 하는 이야기들입니다. 회사 일에만 집중하고, 회사 업무만 하면 결국 나는 월급 이외에 다른 파이프라인을 만들 기회가 줄어들고, 결국 삶이 더 어려워질 수 있다는 말입니다. 이 시대에는 결코 성실하게 일하면 안 됩니다. 돈 받는 만큼만 일해야 합니다. 그래야 내가 원하는 미래를 위해 공부하고 준비할 시간을 만들 수 있기 때문입니다. 이 글을 읽는 분 중에서, 하나님이 주신 직장에서 너무 성실하게 일한 분이 있다면 회개하십시오. 당신은 지금까지 잘못 살아온 것입니다. 바야흐로 이제는 성실이 미련함이 되고, 과도한 헌신은 죄악이 되는 시대가 되었습니다.

조금만 할 수는 없다

"조금만 하면 돈 벌 수 있습니다." 이것이 이 시대 파이프라인이라는 단어가 우리에게 주는 유혹입니다. 한번 생각해 보세요. 파이프라인을 왜 만드나요? 조금의 노력으로 더 많은 소득을 얻고 싶어서 만듭니다. 직장을 다니며 조금만 투자하고, 조금만 물건을 팔고, 조금만 월세를 받아 나가다 보면 곧 내 경제적 자유를 이룰 수 있다는 말입니다. 그러나 다시 한번 생각해 보시기 바랍니다. 정말 조금만 해서 가능할까요?

내가 '스마트 스토어'로 온라인 쇼핑몰을 시작했다고 합시다. 얼떨

결에 좋은 아이템을 잡아서 물건이 잘 팔리기 시작했습니다. 부수적인 수입이 생겨서 기분이 너무 좋습니다. 자, 그러면 이제 어떻게 해야 할까요? 이것은 나의 부업일 뿐이니 수입을 너무 많이 만들면 안 되고, 조금만 해야 할까요? 그렇지 않습니다. 이제 다음 아이템을 찾아야 합니다. 다른 아이템을 무엇으로 해야 할지 생각해야 합니다. 매출이 떨어지는 것을 막기 위해 스토어도 꾸미고 소비자 응대도 개선해야 합니다. 조금만 하면 될 줄 알았습니다. 그런데, 정말 조금만 해서 스마트 스토어가 운영되나요? 착각 중에 이런 착각이 없습니다. 물건 한 가지만 팔고 파이프라인 잠글 생각은 아니지 않습니까? 물건을 파는 일에 적은 노력만으로 꾸준한 파이프라인을 만든다는 것은 불가능합니다.

노력을 갈아 넣는 주식 투자

주식이나 코인도 마찬가지입니다. 주식을 가르치는 분 중에 하루 10분만 매매해도 한 달 월세를 벌 수 있다고 이야기하는 투자자들이 있습니다. 정말로 그런 기법들이 있습니다. 저도 내용을 잘 알고 있습니다. 거짓말도 아니고 그분들이 사기꾼도 아닙니다. 정말로 그 기법들을 익히고 훈련하면 그렇게 돈을 벌 수 있습니다.

문제는 그다음입니다. 투자에 잠깐만 신경 쓰고 편하게 돈을 벌 수 있는 줄 알았습니다. 그러나 투자라는 게 결코 그렇게 끝나지 않습니다. 왜 이렇게 수익과 손실이 났는지, 이 수익을 어떻게 하면 잃지 않을지, 투자금은 커져만 가는데 어떻게 하면 더 견고하게 투자 리스크를 줄일 수 있을지 고민해야 합니다. 실제로 그 투자자는 하루에 10-20분 정도의 시간만 매매에 쏟고 있는 것이 맞았습니다. 하지만 매매하지 않는 모든 시간은 직장에서도 틈틈이 주식 차트를 보며 온종일 공부하고 있는 것을 알게 되었습니다. 그는 매일 코스닥의 모든 주요 종목 차트를 체크한다고 합니다. 사실상 그는 하루 종일 투자에 시간을 쏟고 있었던 셈입니다.

『나의 월급 독립 프로젝트』를 쓴 주식 투자자 유목민(필명)은 자신이 주식을 잘하는 방법으로 '남과 비교할 수 없는 노력'을 꼽습니다. 직장인 시절 그는 매일 밤 지쳐 잠들 때까지 주식 공부를 했을 뿐만 아니라, 월급에서 독립한 지금도 매일 새벽 4시면 일어나 전 세계 경제와 증시를 관찰하고 있습니다. 심지어 새롭게 저술한 책의 제목은 『나의 투자는 새벽 4시에 시작된다』입니다. 주식 투자를 공부하며 실명 위기까지 겪었던 극한의 고통을 그는 이렇게 표현합니다.

그때 왼쪽 눈에 실명 위기가 찾아왔습니다. 날짜도 기억합니다. 2018년 4월 30일. 월 10억을 찍는 순간이었습니다. 매수 버튼이 보이지 않았습니다. 병원에서는 잠을 자지 않아서 생긴 염증 증상이라고 했습니다. 주식을 시작한 이후 그날까지 가장 많이 잔 날이 3시간 정도였습니다. 저는 태생적 '쇼트 슬리퍼(short sleeper)'인 줄 알았습니다. 이날부터 수면 시간을 늘렸습니다. 오후 8시에 자서 새벽 3시에 일어났습니다. 매일 밤 쓰러져 잠들 때까지 주식 공부를 했는데, 그걸 통째로 바꿨어요.

시력이 걸리니까 습관은 단번에 바뀌었어요. 하지만 버는 속도는 확연히 줄어드는 것 같았습니다. 초조함이 생겼습니다. 주식으로 돈 버는 실력을 갖췄지만, 스트레스를 다스리는 능력은 없었던 거죠. 주식이 불로소득이라고요? 정신노동의 극치가 주식 투자입니다.[1]

아직도 이 투자자들이 '조금만' 노력해서 투자의 파이프라인을 만들고, 아주 '잠깐만' 공부해서 월급으로부터 독립했다고 생각하시나요? 투자만큼 치열한 공부의 현장은 없습니다.

부업은 사기

제가 개척한 한사람교회에도 직장 생활을 통한 근로소득에 만족하지 못하고 부업을 찾는 이들이 늘어난 적이 있습니다. 무인 샵을 열거나, 온라인 스토어를 열거나, 부동산과 주식을 시작한다는 계획들이 많이 있었습니다. 목회자로서 같이 고민하고, 가능성도 찾아보았습니다. 결론이 무엇일까요? **부업이라는 말이 실제로는 사기라는 것입니다.** 명심하세요. 부업이라는 말은 사기입니다. 세상의 모든 영역에 자신의 재능과 시간을 오롯이 갈아 넣어 승부를 보려는 사람들이 널리고 널렸습니다. 그런 세계에 자신이 잠깐만 노력해서 무언가

---

[1] 유목민, 『나의 투자는 새벽 4시에 시작된다』(리더스북, 2022), p. 5-6.

를 이룰 수 있다고 생각하는 것은 자신을 기만하는 행위입니다. 노력을 회피하기 위한 핑계이자, 희망 회로를 돌리며 스스로 위로하고 있는 것뿐입니다.

아니, 실제로 부업을 일으켜 성공하는 사람도 있지 않냐고요? 맞습니다. 당연히 부업을 통해서 성공을 이룰 수 있습니다. 언제 성공할 수 있습니까? 본업처럼 뛰어들어서 실행할 때 성과가 납니다. 이제 보이시나요? 결국 부업으로 성공한다는 것은 말장난입니다. 이 세상에 결코 살짝 건드려서 되는 일은 없습니다.

부동산 임장 이야기

투자의 세계에서 가장 가격 변동이 크지 않고, 느리게 움직이는 자산을 꼽으라면 부동산일 것입니다. 시간 투자를 많이 하지 않고 느긋하게 기다리는 부동산 투자가 경제적 자유를 이룰 수 있는 최적의 길이라고 믿는 사람들이 많이 있습니다. 그러나 결코 그렇지 않습니다. 부동산 투자를 실제로 해보셨습니까? 매주 임장을 다니고, 수십 개의 부동산을 돌면서 더 좋은 매물을 찾기 위해 발품을 팔아야 합니다. 실제 임장하며 아파트 물건들을 비교 분석한 투자자의 내용을 보세요.

- OO마을 3단지의 로얄동은 정남향인 301동과 304동
- 301동은 OO 상권과 인접한 정문이지만 뷰가 살짝 막힘

- 305동은 OO 초등학교와 인접한 후문 근처인 로얄동임
- 5단지는 OO 상권과 인접한 남향이지만 전망이 확 트이지 않음
- 301동(7억 4500만 원 매물)은 4년 전 풀 인테리어를 해서 수리 필요 없음
- 506동(7억 5천만 원 매물)은 수리가 안 돼서 2~3천만 원의 비용 들어감

아파트가 대세니까 아무거나 매매하면 그게 투자입니까? 조그마한 학군, 상권, 로열층 차이로 가격이 바뀌는 것을 분석하고 가중치를 두며 판단해야 수익을 얻을까 말까 한 것이 부동산입니다. 부동산 투자를 하면서 논다고요? 이렇게 매물을 찾으며 투자에 달려드는 사람들과 겨루어 '잠깐' 투자 공부를 해서 이길 자신이 있으신가요?

제자의 투자 원칙: 버림

성경에서 온전히 예수님을 따르는 사람을 일컬어 '제자'라고 부릅니다. 예수님이 제자를 부르실 때 한 가지 요구를 하시는데, 그것이 바로 '버림'입니다. 제자는 먼저 자신의 인생에 무엇을 버려야 할지 고민해야 합니다. 투자의 관점에서 이 말을 달리 표현해 보면 어떻게 될까요? 제자에게는 아무리 전망이 좋아 보여도 **'투자하지 말아야 할 것'**이 분명히 존재한다는 뜻입니다.

무릇 내게 오는 자가 자기 부모와 처자와 형제와 자매와 더욱이 자기 목숨까지 미워하지 아니하면 능히 내 제자가 되지 못하고 누구든지

자기 십자가를 지고 나를 따르지 않는 자도 능히 내 제자가 되지 못하리라 이와 같이 너희 중의 누구든지 자기의 모든 소유를 버리지 아니하면 능히 내 제자가 되지 못 하리라(26-27, 33).

이 세상을 살아가는 많은 사람이 투자 기회가 있으면 '무조건' 해야 하고 '안 하는 사람이 바보'라고 말합니다. 그러나 제자는 결코 유망한 투자처가 있다고 해서 투자를 결정해서는 안 됩니다. 제자는 모든 것을 버리고 예수님이 이끄시는 길로만 걸어야 하기 때문입니다.

버림의 이유 - 비용

예수님은 제자들에게 이유 없이 그런 요구를 하지 않으셨습니다. 모든 것을 버려야 하는 분명한 이유를 말씀하시는데, 바로 '비용' 때문입니다. 하나님께서 사람을 창조하실 때, 하나님이 부르시지 않은 다른 것에 관심을 가지면 분명히 사명을 이룰 수 없도록 삶의 모든 구조를 만드셨습니다. 제자들에게 버리라는 요구를 하시면서 그 이유로 비용 이야기를 덧붙이십니다.

너희 중의 누가 망대를 세우고자 할진대 자기의 가진 것이 준공하기까지에 족할는지 먼저 앉아 그 비용을 계산하지 아니하겠느냐 그렇게 아니하여 그 기초만 쌓고 능히 이루지 못하면 보는 자가 다 비웃어 이르되 이 사람이 공사를 시작하고 능히 이루지 못하였다 하리라(28-30).

왜 버리라고 하십니까? **조금만 해서 되는 일은 이 세상에 없음**을 주님이 먼저 알려 주신 것입니다. 조금만 해도 될 줄 알고 이것저것 덧붙이다가 결국 버리지 못하면, 사명을 이룰 수 없기 때문입니다. 버리지 않으면 공사를 마무리할 수 없기 때문입니다. 조금씩 이것저것 관심을 갖게 되면 오히려 하나님이 주신 가정, 직장, 교회에서 나의 본업을 놓칠 수 있다는 경고입니다.

주님은 내 인생을 통해 이루실 특별한 일이 있습니다. 그곳에 집중하고, 그곳에만 투자해야 합니다. 단순히 경제적인 전망이 좋아 보인다고 이리 기웃, 저리 기웃하는 것은 세상의 투자 방식이 될 수는 있어도 결코 제자의 투자 방식은 아닙니다.

여러 가지 투자를 고민하고, 여러 가지 파이프라인을 만들려고 시도하는 분들이 있으신가요? 다양할수록, 더 많이 투자할수록 내게 더 많은 열매가 주어지는 것이 아닙니다. 제자도의 핵심은 '버림'과 '비용'에 있습니다. 하나님께서 내 삶에 이루고자 하시는 뜻과 그것을 위해 내게 주신 자원은 제한적이기 때문에, 허락하시지 않은 투자에 기웃거리다가는 내 삶의 사명을 이루지 못할 수 있다는 것입니다.

그러므로 이렇게 생각해 보세요. 하나님께서 내게 주신 길이라면, 하나님께서 점점 더 많이 집중하고, '조금 더' 할 수 있는 길을 열어주실 것입니다. 충분하게 시간을 투자할 수 있도록 길을 열어주신다면, 그 길을 집중해서 나아가 볼 수 있습니다.

하지만 시간 투자를 충분하게 할 수 없다면, 하나님이 내게 부르신 길이 아닐 가능성이 큽니다. 그때는 아쉬워하지 말고 내게 주신 본업에 집중하며 파생적으로 생기는 다른 기회를 찾는 것이 맞습니다.

하나만 하는 능력

제자는 완공 비용을 고려하는 삶이라고 했습니다. 그러므로 내게 주신 길에는 분명히 포기해야 하는 일이 있습니다. 이것이 너무 부정적으로 들려서는 안 됩니다. 오히려 제자의 길은 긍정적으로 다음과 같이 표현할 수 있습니다. 제자들에게는 '하나만 하는 능력'이 생깁니다. 무조건 한 가지 일만 하라는 말이 아닙니다. 파이프라인이 무조건 잘못되었다는 말도 아닙니다. 하나님이 부르신 길 외에는 과감히 포기할 수 있게 된다는 말입니다. 하나님이 허락하시지 않는 것 같을 때는 욕심 내지 않고 편하게 포기할 수 있게 됩니다. 이 시대는 여러 가지 선택지, 여러 가지 파이프라인을 만들어야 인생이 안전하다고 말합니다. 그러나 그리스도인들은 그런 말에 흔들리지 않습니다. 부르신 일, 허락하신 수입에만 집중해도 하나님이 주신 기쁨을 누릴 수 있을 것이라는 확신이 생기기 때문입니다.

장애물을 이기는 십자가

하지만 이상합니다. 다양한 수입을 창출하는 것을 포기하면 내 삶이 더 어려워지지 않을까요? 재정적인 어려움을 제거하기 위해 다양한 일들을 해나가는 것은 내 삶의 장애물을 제거하는 지혜로운 행위

아닐까요? 예수님은 그 걱정에 대한 답도 함께 알려 주고 계십니다.

누구든지 자기 십자가를 지고 나를 따르지 않는 자도 능히 내 제자가 되지 못 하리라(27).

성경은 분명히 인생을 '십자가'라고 표현하고 있습니다. 성경은 인생에 장애물이 있음을 이미 전제하고 있습니다. 인생길을 편하게 걸어간다고 상상해 보세요. 걸어갈 때 십자가를 진다는 것은 무거운 짐을 지는 것입니다. 인생에 장애물이 생기는 것입니다. 하나님이 우리의 삶을 그렇게 규정하고 계십니다. 그러니까 그리스도인들은 이렇게 확신해야 합니다. 자기 십자가를 지는 것 자체가 장애물이지만, 십자가라는 장애물 때문에 생기는 다양한 부족과 어려움들은 **그 길을 이끄신 하나님께서 그분의 방법으로 채우실 것**이라고 말입니다. 내가 십자가의 길을 걸을 때 생기는 여러 가지 부족함이 있습니다. 하지만 그 부족함이 너무 커 보인다는 이유로 길을 이탈해서 스스로 보충하려고 해서는 안 됩니다. 더 최선을 다해 내게 주신 사명에 집중할 때, 주님이 필요를 채우신다는 약속을 확신해야 합니다.

일하는 아내를 만난 은혜

교회를 개척하고 나니 가장 문제가 되는 부분이 재정적인 영역이었습니다. 교회가 재정적으로 어려워지지 않도록 세밀하게 살피기는 했지만, 목회자 스스로 재정을 준비하는 것은 여의치 않습니다. 목회를 위해서 직장을 그만두었는데, 어디서 부수적인 일을 하기도 참 쉽지 않았습니다.

저는 그때 십자가를 지면서 '장애물'이 생겼다는 느낌을 지울 수가 없었습니다. 그래서 다른 파이프라인을 만들려고 했습니다. 목회를 하면서 번역을 해보면 어떨까, 부수적인 일을 해보면 어떨까, 다양한 고민을 많이 했습니다. 장애물을 나 스스로 없애야 한다고 생각했기 때문입니다.

그런데 하나님께서 저에게는 오직 목회에만 집중하라는 마음을 주셨습니다. 그러나 계속된 의심이 지워지지 않았습니다. "하나님, 목회를 하면 돈이 부족하잖아요. 그 돈을 제가 채우는 게 잘못된 일인가요?" 저는 경영학과를 졸업하고, 기업에 근무한 경험도 있기 때문에 다른 목회자분들보다는 돈을 버는 삶의 현장에 좀 더 관심이 많았습니다. 분명 제가 부수적으로 이런저런 일을 더 하면 재정적인 안정을 찾는 데 도움이 될 거라는 확신이 있었습니다.

그러나 사람마다 다르게 이끄시는 영역이지만, 하나님은 제가 직접 일하는 것이 제게 허락된 십자가가 아니라는 확신을 주셨습니다. 그리고 이 말씀을 붙들게 하셨습니다.

그런즉 너희는 먼저 그의 나라와 그의 의를 구하라 그리하면 이 모든 것을 너희에게 더하시리라 (마 6:33).

"너는 목회만 해."

제가 받은 응답이었습니다. 저는 목회만 하면 분명히 돈이라는 장애물이 제거되지 않을 거라고 꽤 확신하며 예측했습니다. 그것은 뻔한 일이었으니까요. 그러나 그것은 하나님이 제게 주신 십자가가 아니었습니다. 하나님은 그것을 다른 방법으로 풀어 가셨습니다.

실제로 집을 구할 때의 일이었습니다. 개척교회 목회자는 소위 말하는 '백수'의 신분이기 때문에 신혼집을 구할 때 어려운 부분이 있었습니다. 다양한 재정적인 장애물이 생기는데, 마치 손발이 묶인 느낌이었습니다. 그런데 하나님은 그 문제를 제 아내를 통해서 풀어 가셨습니다. 집 문제를 해결하기 위해 대출을 알아봐야 했는데, 금융기관에서 볼 때 제 신분은 백수였지만 제 아내는 건실한 직장인이었습니다. 그래서 쉽게 대출을 받을 수 있었습니다. 재정 문제가 꽤 쉽게 풀렸습니다. 그때 깨달았습니다. 내게 주신 십자가에 집중하면, 필요한 것은 부수적으로 주신다는 것을 말입니다.

처음에 저는 제가 목회를 시작하면 오히려 제 아내의 배경이 제게 어려움으로 작용할 것으로 생각했습니다. 제 아내는 대학교를 졸업하고 나서부터 끊임없이 일해 온 사람이었습니다. 전도사가 결혼할 때 보통 '좋은 사모'를 만나게 해달라고 기도합니다. 전통적으로 담임목사의 사모라고 하면 학창 시절부터 평생 교회에서 주일학교 교사로 헌신하고, 교회에서 많은 시간을 보내며, 성도들을 상담하고 챙기는 사람이라고 기대하는 경우가 많습니다.

하지만 제 아내는 달랐습니다. 신앙도 있었고, 예배도 열심히 드렸지만 하나님께서 아내에게 치열하게 하나님의 뜻을 펼치게 하셨던 곳은 직장의 현장이었습니다. 그러다 보니 교회에서 벌어지는 일들을 소소하게 알고 처리하는 '전도사급' 사모님들과는 달리 교회나 목회에 대해서 자세히 알지도 못하고, 자세히 관여할 시간도 여력도 없이 일하기 바빴습니다.

저는 개척교회를 하면서 아내가 사역을 잘 도울 수 있는 사람이었으면 어떨까 생각하며, 이것이 부족한 점이라고 생각했습니다. 아니었습니다. 하나님은 오히려 저에게 목회에만 집중하라고 십자가를 지어 주시고, 그것을 도울 수 있는 아내를 준비시키셨던 것입니다.

모든 목회자의 문제가 다 이렇게 풀린다는 말이 아닙니다. 어떤 분들은 이중직의 기회를 열어주시기도 하고, 어떤 분들은 다양한 후원자들을 보내 주시기도 합니다. 하지만 모든 제자의 방식은 동일해야 합니다. 내게 주신 십자가에만 집중하고, 분명 투자하지 말아야 할 곳이 있습니다. 세상에서 '뜬다'는 투자처에 매번 기웃거리는 것은 제자의 투자 방식이 아닙니다. 내게 주신 십자가에 집중하면 필요한 것은 부수적으로 주십니다. 그것을 믿기 때문에 내 일만 할 수 있습니다. 이것이 제자의 투자 전략입니다.

자수성가 부자들의 공통점

한 가지만 하는 능력은 성경이 아닌 일반 투자자들 사이에서도 투자의 성공 원칙으로 꼽힙니다. 자수성가 부자들의 공통점이 있습니다. 투자도 한 길만 갔다는 것입니다. A와 B가 투자 공부를 시작했습니다. A는 퇴근 후 부동산 1시간, 주식 1시간, 코인 1시간을 공부했다고 합니다. B는 퇴근 후 부동산 1시간, 또 부동산 1시간, 또 부동산 1시간을 공부했습니다. 나중에 누가 투자에서 큰 성과를 거두었을까요? B였습니다. 투자도 한 길로만 갈 때 성공할 수 있습니다. 투자 실력이란 한 번의 투자로 생기는 것이 아니라, 여러 번의 투자 경험이 생기면서 만들어지는 것이기 때문입니다.

인생의 내용이 너무 분산되어 있지 않습니까? 돈만 된다면 이것저것 다 해보겠다는 생각은 전혀 성경적이지도 않고, 투자에 적합한 마인드도 아닙니다. 하나님이 내게 주신 은사와 환경을 먼저 고려해야 합니다. 그리고 내게 주신 부르심을 중심으로 하나를 여러 번, 오래 한다고 생각해야 합니다. 하나를 구체적으로, 깊게 파본다고 생각해야 합니다. 불필요한 다양함을 제거하는 것이 이 시대의 문화를 거스르는 길입니다.

장애물 제거

최근 삶의 목표가 '경제적 자유'라고 말하는 사람들이 늘어났습니다. 우리가 경제적 자유를 추구하는 이유가 무엇입니까? 이 시대 문화가 그리스도인들에게 잘못된 목표를 던져주는 경우가 많이 있습니다. 경제적 자유를 추구하는 것은 단순히 장애물을 제거하는 일일 뿐입니다. 이것은 결코 십자가를 지는 그리스도인들의 목표가 될 수 없습니다.

실제로 94년생 사업가인 '류디'라는 디자이너는 20대에 10억이라는 목표 금액을 달성하며 자신이 나름 그 연령대에 경제적 자유를 어느 정도 이루었다고 고백합니다. 그런데 막상 경제적 자유는 실제로 자신이 원하는 목표가 아니었다고 고백합니다. 그녀의 고백을 들어 보겠습니다.

아니 그렇게 좋은 삶을 살았는데 '경제적 자유'가 최종 목표가 아니라고? 그렇다. 내가 글을 쓰는 이유도 "여러분 저처럼 하시면 경제적 자유 달성할 수 있어요~!" 이런 얘기를 하고자 함이 절대 아니라는 뜻이다. 오히려 경제적 자유를 빨리 '포기'하기 위함이다. 이게 무슨 말이냐고? 난 인생에서 경제적 자유보다 더 중요한 가치들이 많다고 생각했다.

애초에 내가 경제적 자유를 얻고 싶은 이유도 내 인생의 최종 목적지가 그 자유함을 누리는 것에 그치는 게 아니라 경제적 자유 그 이후에 내가 추구해야 할 가치가 뭔지 더 빨리 찾고 싶었기 때문이다. 경제적 자유가 인생의 최종 목적지가 되도록 세팅하라는 게 아니라 오히려 그걸 가장 빨리 달성해 그 이상의, 내 인생의 가치 있는 목적지를 찾기 위함이다.

결론적으로 나는, 경제적 자유 달성을 넘어서 오히려 '경제적 자유'에 대한 미련을 빨리 버릴 수 있는 사람이 되는 게 20대의 목표였다고 말할 수 있을 것 같다. 경제적 자유만 쫓다가 20-30년 인생을 다 바치고 결국 그 끝에 '아내가 진짜 추구한 게 이게 아니었네'라고 느낀다면? 난 그 기회비용을 최대한 만들고 싶지 않았던 것 같다.[2]

저는 이 고백을 들으면서 슬픔을 느꼈습니다. 경제적 자유가 도달하게 해주는 목표가 고작 '장애물 제거'라는 말입니다. 여러분의 현재 목표를 생각해 보십시오. 그 목표가 여러분에게 가져다줄 수 있는 것은 무엇입니까? 가난이라는 장애물이 제거될 뿐입니다. 경제적인 속박이라는 장애물이 제거될 뿐입니다. 그 장애물을 제거한 후에 하려는 것은 도대체 무엇입니까? 하나님께서 우리에게 주신 삶의 목표를 다시 생각해 봐야 합니다. 언제부터 우리가 장애물을 피하고, 장애물을 제거하기 위해서 우리 인생을 던져야 했습니까?

파이프라인이라는 말의 속임수

파이프라인이라는 말의 속임수가 바로 이것입니다. 다양한 일을 통해서 경제적 자유를 이루라는 것처럼 들리지만, 실상은 나의 모든 인생을 '돈' 하나에 종속시키라는 말이 아닙니까? 경제적 자유를 이루는 것이 아니라 돈을 벌고, 돈을 '더 많이' 벌고, 돈을 '언제나' 벌 수 있도록 하는 데에 내 인생을 던지라는 말이 아닙니까? 돈 자체를 목적으로 삼으라는 말입니다. 무슨 일을 해서든 돈을 버는 구조

---

[2] https://blog.naver.com/ilvyooo/222875634885

를 만들라는 말입니다. 예수님께서 우리에게 십자가를 지라고 하셨지, 언제 돈을 만들라고 하셨습니까? 이 시대 문화가 우리에게 다양한 일을 시키고 열심히 살게 만드는 것 같지만, 방향을 그릇되게 만들 수 있습니다. 바로 우리가 '돈을 위해서' 모든 열정을 쏟게 만드는 것입니다.

파이프라인을 새로 하나 더 만들어야 하는데 언제 기도할 시간이 있겠습니까? 기도는 돈을 기준으로 놓고 봤을 때 손해가 되는 일일 뿐입니다. 언제 묵상하고 언제 예배하겠습니까? 하나님은 하나님의 사람들을 인생의 장애물 제거를 위해 부르시지 않았습니다. 오히려 십자가라는 장애물을 짊어지고, 승리하고 사명을 이루라고 우리 인생을 부르셨습니다. 파이프라인을 늘리는 것은 제자들의 궁극적인 목적이 될 수 없습니다. 매번 돈을 위해 살아가는 것은 결코 지혜로운 삶이 아닙니다.

다 이루신 예수님

십자가를 지고, 내게 주신 일에만 집중하며 예수님을 따르면 분명히 내가 포기해야 할 일들이 있습니다. 포기해야 하는 돈들이 있습니다. 포기해야 하는 기회들이 있습니다. 그러면 내 미래도 걱정되고, 자녀 교육도 걱정되고, 내 커리어도 걱정됩니다. 그럼에도 불구하고 내 삶의 모든 사명과 의미가 완성될 수 있음을 어떻게 확신할 수 있습니까?

예수님께서는 우리의 죄를 대신 짊어지시고 십자가로 가실 때, 이렇게 고백하셨습니다.

예수께서 신 포도주를 받으신 후에 이르시되 **다 이루었다** 하시고 머리를 숙이니 영혼이 떠나가시니라(요 19:30).

예수님은 어떤 분이십니까? 우리 대신 '다 이루신 분'이십니다. 이것을 믿으십니까? 예수님은 하나님의 뜻에 따라 죽으러 가셨습니다. 예수님이 밤에 잠을 덜 자고 로마 주식시장 공부를 하셨다면 어떨까요? 왜 예수님이 새벽에 일어나서 로마 부동산 시세를 공부하지 않으셨을까요? 그렇다면 사역에 필요한 재정을 스스로 만들어 가면서 좀 더 하나님께 영광 돌리실 수 있지 않았을까요?

그러나 그것은 예수님의 사명이 아니었습니다. 예수님은 십자가라는 하나님이 주신 사명만 짊어지셨습니다. 그런데 그것이 만들어 낸 결과가 무엇입니까? 우리의 죄의 문제가 '다' 해결된 것입니다. 그것이 장애물처럼 보이는 십자가라는 사명의 힘입니다.

우리의 삶도 마찬가지입니다. 다 이루신 분을 믿는다면, 앞으로 내 인생의 투자의 고민 속에서도 그 분의 뜻을 확신하세요. 파이프라인을 여러 개 만들면서 이것저것 해보겠다는 잡다한 생각들을 모두 내려놓으세요. 내게 허락하신 기회, 내게 주신 기회가 무엇인지를 명확히 붙들고 한 가지에 집중하는 삶을 사시기 바랍니다. 그리고 나머지는 다 이루신 그분께 맡기는 겁니다. 그리고 나서 돌아볼 때, 분명히 고백할 수 있을 것입니다. "부족할 줄 알았는데, 주님께서 다 이루셨구나!" 이 고백이 여러분의 고백이 되기를 바랍니다.

크리스천의 투자노트

1. 투자만큼 힘든 것도 없다.

   주식, 부동산 등 투자만큼 공부와 노력이 필요한 영역도 없다. 쉽게 성공할 생각은 금물!

2. 제자는 십자가만을 져야 한다.

   예수님이 부르시지 않은 영역에 대한 관심을 내려놓지 않으면, 제자로서의 사명을 이룰 수 없다.

3. 장애물을 이기게 하신다.

   내게 주신 한 가지 십자가에 집중하면, 다른 장애물은 주님이 이기게 하신다.

2. 돈을 멀리할수록 하나님과 더 가까워질까?

디모데전서 6:6-10

돈을 밝히는 사람들을 비판하는 심리

기독교인들은 돈에 관심이 많거나 돈만 추구하는 사람들을 비난하는 데에 익숙합니다. 그것이 하나님이 원하지 않으시는 일임을 너무 잘 알기 때문입니다. 하지만 내가 왜 자꾸 돈을 추구하는 사람들을 비난하는지 한 번쯤 돌아봐야 할 필요가 있습니다.

심리학 전공자 박은미 박사는 '내로남불의 심리학: 우리는 왜 위선자를 싫어하는가?'라는 글에서 남들을 비판하는 사람들의 심리를 분석합니다. 스포츠 경기에서 좋은 결과를 얻기 위해 약물을 사용하다가 발각된 사람이 있었습니다. 그 소식을 알게 된 동료 A와 B는 서로 다르게 반응합니다. 동료 A는 그 사람의 행동에 대해서 호되게 비판하는 말을 늘어 놓았습니다. 하지만 동료 B는 아무 말도 하지 않았습니다. 그 후 사람들에게 A와 B 중에 누가 더 훌륭한 사람인지 평가를 물었습니다.

스포츠 금지 약물을 사용한 동료를 비난하는 사람과 비난의 말을 하지 않는 사람 중 누구를 더 긍정적으로 평가할 것인가? 연구 결과, 피험자들은 인물의 도덕적 정보가 없는 조건인 경우에 한해서 비난한 사람을 더 긍정적으로 평가하였다.
… 요약하면 타인의 비난은 자신의 무고함을 직접 밝히는 것보다 더 강력한 도덕성의 신호로 판단된다는 것이다. … 본래 타인을 향한 언어적 비난은 자신의 도덕적 선함의 신호로 작동한다.[1]

타인을 비난하면, 내가 비교적 도덕적으로 우월한 존재로 자리매김할 수 있다는 말입니다. 이것이 바로 사람이 비난을 사용하는 영적인 방식입니다.

나의 돈 고민은 숨기고

이 똑같은 비난의 방식은 우리가 돈을 바라볼 때도 적용됩니다. 나는 돈에 대해서 무지합니다. 연봉을 많이 받지 못하는 것에 대해서

---

1 http://www.mind-journal.com/news/articleView.html?idxno=522

아쉬워합니다. 도대체 어떻게 돈을 벌어야 할지, 어떻게 돈을 불려야 할지 모르겠습니다. 내 안에 이런 마음을 해결하고 싶지만 방법을 찾지 못하고 있습니다.

사람이 돈에 대해서 가장 많이 고민하고 있으면서도, 그 고민을 숨기고 싶을 때 찾는 방법이 있습니다. 돈에만 눈이 먼 사람들, 큰 투자를 하다가 손실을 본 사람들, 그러다가 파산하고 무너진 사람을 비난하는 것입니다. 그러면 내가 비난하는 그 사람보다는 내가 돈에 대해서 우월하고, 훨씬 더 나은 결정을 하고 있다고 생각합니다. 아직 나의 돈과 관련된 문제는 하나도 해결된 것이 없으면서 말입니다.

내가 돈의 문제를 해결하려면 첫 번째로 정직하게 인정해야 할 문제가 있습니다. 사실은 **내가 제일 돈에 관심이 많은** 사람이고, **돈 때문에 가장 많이 힘들어하는** 사람임을 인정하는 것입니다. 그걸 인정하기 싫으면서 남들을 비난하기에 바쁩니다. 탐욕을 비판하는 설교가 들리면 "아멘" 합니다.

아닙니다. 돈에 대해서 가장 집착하는 사람은 바로 나입니다. 가장 많이 유혹에 빠지는 사람도 바로 나이고, 돈 걱정을 가장 많이 숨기고 있는 사람도 나입니다. 그것을 인정할 때부터 돈에 대한 바른 해결을 찾아갈 수 있습니다.

돈과 멀리 떨어지기

내 안의 돈에 대한 고민과 어려움을 숨기는 또 다른 방법이 있습니다. 돈을 물리적으로 멀리 두는 것입니다. 성경에는 분명히 돈을 사랑하는 것을 경계하는 구절들이 있습니다.

돈을 사랑함이 일만 악의 뿌리가 되나니 이것을 탐내는 자들은 미혹을 받아 믿음에서 떠나 많은 근심으로써 자기를 찔렀도다(10).

돈을 사랑하면 어떻게 됩니까? 악이 자그마치 일만 개나 생긴답니다. 믿는 사람들은 악을 경계하고 선을 행해야 하는 사람입니다. 그런데 돈을 사랑해서 '일만 개의 악'이 내 삶에 펼쳐진다면, 성경에서 이처럼 중요한 말씀은 없을 것입니다. 일만 악을 피하려면 어떻게 해야 할까요? 돈을 사랑하는 것을 피해야 합니다. 그래서 많은 그리스도인들이 돈에 대한 경계심을 가지고 돈을 물리적으로 멀리하기 시작했습니다.

믿음을 가지고 돈을 멀리하면서 살았는데, 이상합니다. 돈을 생각하지 않으려고 할수록, 점점 돈 때문에 힘들어집니다. 돈을 멀리하면 평안이 있을 줄 알았는데 이젠 월세도 못 내고 집도 못 사고 더 어려워진 것 같습니다. 왜 그렇습니까? 돈을 물리적으로 피하는 것은 돈을 지배하고, 돈을 이기고, 돈을 다스리는 바른 방법이 아니기 때문입니다.

여자를 멀리하는 남자

보통 돈과 비슷하게 하나님을 대적하는 일 중의 하나가 음란입니다. 어떤 형제가 음란을 피하고 싶었습니다. 그래서 여자를 쳐다보지도 않고 남자 중학교, 남자 고등학교를 다녔습니다. 여자친구를 사귀지도 않았습니다. 온갖 자극적인 영상물도 보지 않았습니다. 그러고 나서 30대가 되었습니다. 그러면 음란이 피해집니까? 음란한 행위를 물리적으로 피한 것 같기는 합니다. 하지만 그는 이미 사회 부적응자가 되어 있을 것입니다. 왜 그럴까요? 이성을 피해서 살아가는 것 자체가 불가능하기 때문입니다.

하나님이 인도하시는 삶 속에는 이성과의 관계 속에서 이루어지는 일투성입니다. 이성은 나쁜 존재입니까? 아닙니다. 게다가 결혼은 하나님께서 이성과의 관계 속에서만 제정하신 일이기도 합니다. 이성 관계는 이 땅을 살아가면서 필수불가결한 일입니다. 그 안에 있는 위험을 피하려는 것은 옳지만, 필요와 존재마저 거부하는 것은 결국 나와 나의 인생을 무너뜨릴 뿐입니다. 물리적으로 이성이라는 존재 자체를 거부하려고 하니, 하나님이 주신 온전한 유익을 아무것도 누리지 못하게 되는 것입니다.

돈과 함께 살아가기

우리의 목표는 이성을 피하는 것이 아닙니다. 이성과 함께 지내도 문제가 없는 삶, 괜찮은 삶을 살아가는 것입니다. 돈도 마찬가지입니다. 돈을 피한다고 해결되지 않습니다. 우리의 목표는 돈과 함께 지내도 건강한 삶을 만드는 것입니다. 그러려면 이성을 물리적으로 피하려고만 하지 말고 먼저 이성을 향한 마음을 하나님 앞에 종속시키는 것이 필요합니다. 그때 이성과 함께 어울려 지내도 죄를 범하지 않는 통제력이 생기게 되는 것입니다. 돈 역시 그렇습니다. 돈에 대한 통제를 언제나 물리적인 거리두기로 생각하는 경우가 많이 있습니다. 나도 그런 사고방식에 빠져 있지는 않은지 확인하는 질문을 준비했습니다. 돈과 관련한 아래의 질문에 한번 스스로 대답해 보시기 바랍니다.

1. 돈을 많이 버는 직업을 가진 사람은 탐욕스러운 사람일까요?
2. 의미는 있지만 돈을 적게 주는(거의 봉사에 가까운) 일을 택하는 것이 무조건 선한 일일까요?
3. 연봉이 높은 곳으로 이직하는 일은 하나님의 뜻이 아닐까요?

이 세 가지 질문에 답해 보세요. 이 질문에 대답하다 보면 내가 단순히 돈에 대해서 물리적으로 멀리하려는 생각만 갖고 있었음을 알 수 있습니다. 돈을 많이 버는 결정은 무조건 악한 것입니까? '열정페이'를 받으며 사회 음지에서 어려운 일을 해야만 선한 일이 됩니까? 절대 그렇지 않습니다. 이것은 '내가 돈과 얼마나 멀리 떨어져 있느냐'를 기준으로 나의 행위의 선함을 판단하는 일일 뿐입니다. 하나님은 성경 어디에서도 행위의 기준을 돈과의 물리적 거리로 판단하신 적이 없습니다. 돈과 물리적으로 멀어진다고 해서 돈을 이길 수 있는 것이 아닙니다.

수평적 사고 vs 수직적 사고

성경에서 말하는 대립의 개념은 거부하라는 말이 아니라 **종속시키라는 말**일 때가 많습니다. 우리는 보통 돈을 하나님께 대립하는 맘몬으로 여기고는 합니다. 맞습니다. 하나님을 대립하는 우상은 제거해야 합니다. 그러나 '돈을 사랑함'은 제거해야 하지만, '돈'을 제거할 수는 없는 것입니다. 돈은 하나님의 만드신 세계에서 통용되는 중요한 수단 중의 하나이기 때문입니다. 그러니까 우상은 죽여야 마땅하지만, 돈을 멀리하는 것이 돈에 대한 우상을 죽이는 일이라고 생각하면 안 됩니다.

하나님이 모든 만물을 창조하셨습니다. 그러므로 이 땅에 있는 피조물을 사용할 때 악한 일이 발생할 가능성이 존재한다고 해서 무조건 거부하는 것은 하나님의 뜻이 아닙니다.

> 하나님께서 지으신 모든 것이 선하매 감사함으로 받으면 버릴 것이 없나니(4:4).

이 땅의 것을 버리면 안 됩니다. 그러므로 이 말씀은 돈을 거부하거나 멀어지라는 말이 아니라, 종속시키라는 말입니다. 성경은 돈에 대해서 수직적 사고를 제안하고 있습니다. 수평적 사고는 하나님을 취하면 돈을 소유하는 것 자체가 불가능한 것으로 오해하게 만듭니다. 하나님께로 가까이 갈수록 돈은 나와 멀어져야 한다고 생각합니다.

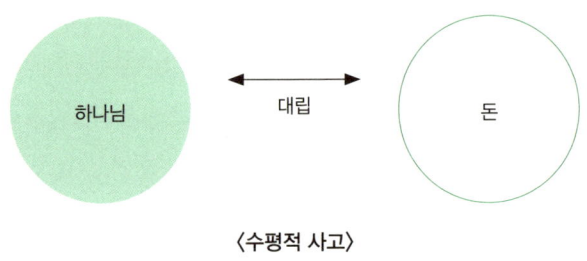

〈수평적 사고〉

아닙니다. 돈에 대해서는 수직적 사고를 해야 합니다. 하나님이 돈보다 위에 계시고 하나님 아래에 돈을 두는 위치 조정이 필요한 것입니다. 돈을 가까이 둔다고 해서 나쁜 것이 아닙니다. 돈의 위치가 중요합니다. 돈은 멀리 있어야 하는 것이 아니라, 하나님 아래에 있어야 합니다.

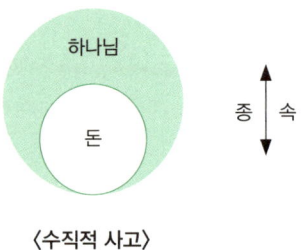

〈수직적 사고〉

경건이라는 이익

그렇다면 도대체 돈을 가지고 고민하는 과정 중에 이것이 하나님 앞에서 합당한 일인지, 하나님 아래에 돈이 종속되어 있는지를 어떻게 판별할 수 있을까요? 성경은 그 판별식으로 '경건'이라는 무기를 소개하고 있습니다.

> 마음이 부패하여지고 진리를 잃어버려 경건을 이익의 방도로 생각하는 자들의 다툼이 일어나느니라 그러나 자족하는 마음이 있으면 경건은 큰 이익이 되느니라(5-6).

5절에 보면 '경건이 이익의 방도가 됨'을 경계하고 있습니다. 여기서도 수직적 사고를 발견할 수 있습니다. 이익을 통해서 경건으로 올라가야 하는데, 경건을 통해 이익으로 올라가는 것으로 수직적 순서가 바뀌었다는 말입니다.

경건과 이익의 수직적 순서가 바뀌면 어떻게 될까요? 우리는 보통 이렇게 기도합니다.

"하나님께 기도하면 연봉이 더 오를 수 있을 거야."
"기도를 열심히 하면 돈 되는 사업을 주실 거야."
"이번에 십일조를 제대로 하면 하나님이 더 크게 갚아 주실 거야."

수직적인 순서가 어떻게 바뀌었는지 보이십니까? 이 기도들은 모두 하나님을 '통해서' 그 위에 있는 돈으로 갈 수 있다는 생각을 전제하고 있습니다. 하나님은 우리의 아버지이시기 때문에 우리가 이런 바람을 하나님 앞에서 가지는 것 자체를 나쁘다고 할 순 없습니다. 그러나 언제나 우리의 이런 소망들이 하나님보다 높은 순서를 점할 때 문제가 생깁니다.

이 시대 문화의 목소리는 돈 자체가 내 궁극적인 첫 번째 이익이라고 생각하게 만듭니다. 그래서 돈만 벌 수 있다면 경건마저 수단으로 삼아 버립니다. 돈이 넉넉하지 않은 내 가정, 연봉을 충분히 주지 않는 내 직장은 내게 이익이 되지 않는 상황입니다. 한편 돈이 충분히 생긴다면, 돈만 잘 벌 수 있다면 언제나 내게 이익이 되는 상황이 됩니다.

그것과 반대되는 삶의 원칙이 바로 경건의 삶입니다. 6절의 원문을 제대로 번역하여 요약하자면, 돈이 이익이 아니라 **경건 자체가 이익**'이라는 뜻입니다. 지금 연봉이 높든 낮든, 가난하든 부하든, 그 상황에서 돈의 문제를 어떻게 해결해야 할지 하나님 앞에서 고민하기 시작합니다.

우리는 하나님이 여러 투자 고민 중에 A가 이익인지, B가 이익이 되는지를 알려 주시기를 원합니다. 그러나 성경의 시각은 다릅니다. 그 고민에 대한 답이 이익이 아니라, **그 고민 자체가 이익**이라는 말입니다! 그 고민을 하면서 하나님 앞에 더 엎드리게 되는 방향으로만 결정해 보라는 말입니다.

이것이 바로 하나님이 경제적인 고민을 우리에게 주시는 이유입니다. 경제적 고민의 목적은 해결이 아닙니다. 그 고민이 목적입니다. 하나님 앞에서 문제를 고민할 때, 지나고 보면 그 고민의 모든 과정이 유익이 되어 있을 것이라는 사실이 하나님의 약속입니다.

경건의 시간

『나의 하루는 4시 30분에 시작된다』라는 책을 쓴 김유진 변호사님이 있습니다. 이분은 미국 에머리대학을 졸업하고 현재 미국 변호사로 훌륭하게 활동하고 계십니다. 우리가 볼 때는 세상적으로 화려한 삶을 사는 것 같지만, 자신이 변호사가 되기 위한 과정 중에 너무나 힘든 실패를 겪었음을 고백합니다.

친구들은 모두 로스쿨도 쉽게 들어가고 변호사 시험도 쉽게 합격하는데, 자신은 변호사 시험은커녕 로스쿨 입학시험에도 몇 번씩 떨어지는 어려움을 겪었다고 합니다. 시험 합격이라는 (이익) 목표를 두고 전진했으나 결과가 나오지 않자, 하나님(경건)께 실망합니다. 수직적 사고의 관점에서 그분의 고백을 한번 살펴보시기 바랍니다.

주변 사람들은 "운이 안 따라줬다."며 위로했지만 도움이 되지 않았다. 함께 공부한 친구들이 합격하는 그 학교에 왜 나는 갈 수 없는지 화가 났다. 왜 모두가 타는 그 버스에 나는 탈 수 없었던 것인지, 모두가 가는 방향을 왜 나는 따라갈 수 없었는지 혼란스러웠고 마음은 점점 더 초조해졌다. … 그러

자 하나님이 나를 위해 세우신 계획을 의심하기 시작했다.[2]

돈이 목표인 우리가 하나님에 대해 실망하는 모습과 매우 유사하지 않습니까? 그러나 그 과정을 거친 이후에 다른 깨달음을 이어서 고백합니다.

시간이 지난 지금, 당시 내 모습이 내 삶의 최고의 모습이었음을 역설적으로 고백해 본다. 그 모든 과정이 너무나도 당연했다. 하나님께서 계획하신 그 때 그 시간은 애초부터 로스쿨 입학을 위한 시간이 아니었기 때문이다. 하나님은 완전히 그분의 목소리에만 집중하는 방법을 알려 주고 계셨다. 이때 나는 처음으로 세상적 기준을 차단하는 방법을 터득했다. … 하나님은 그런 상황을 통해, 세상 기준에 맞춰 억지로 충족한 일보다 하나님과 함께 이뤄낸 일들이 훨씬 의미 있음을 가르쳐주고 계셨던 것이다. 이것은 오로지 과정을 통해서만 알 수 있는 중요한 레슨이었다.[3]

김유진 변호사는 로스쿨 입학 준비 기간에 로스쿨 입학이 수직적 사고의 맨 위에 위치하고 있었습니다. 그러나 하나님의 생각은 달랐습니다. 경건 자체가 최고의 이익이었습니다. 그 과정을 통해 하나님만 의지하고, 하나님의 소리에만 집중하는 법을 알게 되었습니다.

---

2 김유진, 「어웨이크」(북폴리오, 2022), p. 228.
3 같은 책, p. 229.

하나님의 목적이 그것이었기에, 로스쿨 실패의 과정도 이익이었다는 말입니다. 그 길을 걷고 나자 하나님께서 자신에게 맞는 최고의 길을 걷게 하셨다는 고백입니다.

돈에 맞서는 최고의 무기, 경건

성경은 돈의 문제, 탐욕의 문제에 대해서 경건을 무기로 제공하고 있습니다. 돈을 잘 벌지 못하는 것 같아서 흔들릴 때, 돈을 벌 수 있는 더 좋은 상황을 취하는 것이 맞을 때 어떻게 결정해야 합니까? 질문이 틀렸습니다. 그 상황은 내가 얼른 결정하려고 할 것이 아니라, 고민 자체를 하나님 앞에서 시작해 보아야 하는 초대입니다! 그 고민 자체가 이익이 될 것이라는 확신이 바로 경건에 숨겨져 있습니다.

돈에 대해서 고민하는 많은 성도 여러분, 돈에 대한 방법을 찾아 나가려고 하지 말고 내 투자의 실패 문제, 내 낮은 연봉의 문제, 내 미래의 투자처의 문제를 가지고 하나님 앞에 엎드려 보세요. 그 자체가 이익이 될 것입니다. 그리고 그 고민 이후에 열리는 실제적인 결과들도 돌아볼 때 하나님이 주신 이익의 길들임을 깨달을 수 있을 것입니다.

그렇다면 내가 돈을 하나님 아래에 종속시키고 있음을, 경건을 추구하고 있음을 어떻게 알 수 있을까요? 성경은 두 가지 검증방식을 보여 주고 있습니다. 첫 번째 검증은 (1) 줄이는 것이요, 두 번째 검증은 (2) 누리는 것입니다.

(1) 줄임

세상에서는 "돈을 벌고 싶으면 돈을 모아라, 소비를 줄여라." 이렇게 말합니다. 행동만으로 보면 성경과 동일하게 말하는 듯합니다. 그러나 성경의 관점은 소비에 대해서 좀 더 본질적으로 접근합니다. **성경은 소비 자체가 현재 상태의 불만족에 대한 보상의 행위가 되는 것을 경계하고 있습니다.**

우리가 세상에 아무것도 가지고 온 것이 없으매 또한 아무것도 가지고 가지 못하리니 우리가 먹을 것과 입을 것이 있은즉 족한 줄로 알 것이니라(7-8).

나는 하나님이 창조하셔서 이 땅에 살게 된 존재입니다. 내가 스스로 아무것도 가져오지 않았고, 아무것도 가져가지 못합니다. 무슨 말입니까? 무언가를 더 소유하고 소비함으로써 내 존재를 증명하지 않아도 된다는 말입니다. 그리스도인은 **소유와 소비로 증명하거나 보상받지 않아도 되는 삶**을 추구합니다.

일상과 보상의 분리

내가 남들이 살 수 없는 한정판 물건, 비싼 물건 등 현재의 유익을 위한 과소비를 하는 이유는 무엇입니까? 지금 처한 내 상황을 너무 처참하게 바라보기 때문입니다. 만족스럽지 않기 때문입니다.

하나님의 투자자들은 하나님이 주신 **나의 현재의 삶이 가장 복됨**을 믿어야 합니다. 그리고 하나님 앞에서 행하는 그 삶 자체의 유익과 만족을 즐겨야 합니다.

그것을 추구하지 않을 때 사람은 일상과 보상의 분리가 일어나게 되어 있습니다. 나는 이번 주 너무 힘들게 일했습니다. 그러니 이런 비싼 식사 정도는 해주어야 합니다. 올 한해 너무 고생이 많았습니다. 그래서 이런 비싼 여행 정도는 가 줘야 합니다. 내가 이 결혼을 위해서 얼마나 기다렸는지 모릅니다. 그렇기 때문에 남편과 아내가 나를 위해 이 정도 명품은 사 줘야 합니다.

보이십니까? 하나님을 떠난 일상은 그 자체로 보상이 될 수 없습니다. 그래서 보상을 다른 곳에서 찾습니다. 특별히 이 시대의 자아를 향한 보상은 소비로 나타납니다. 큰 소비를 할수록 큰 보상을 받고 있다고 느껴집니다. 하지만 그렇지 않습니다. 내가 하나님을 추구하는 경건이 수직적 사고의 가장 꼭대기에 있다면, 다른 보상의 행위를 추구하는 일들은 줄어들게 됩니다. 자연스럽게 소비가 줄어드는 일들이 나타납니다. 이것이 하나님이 이끄시는 투자의 첫 단계입니다.

투자를 위한 첫 투자, 저축

자수성가를 이룬 많은 사람들도 '줄임'에 대한 동일한 이야기를 합니다. 투자의 세계에서는 5만 원을 버는 것보다, 5만 원 지출을 줄이는 것이 훨씬 쉬운 투자 방법임을 말합니다. 5만 원을 줄인다고 수익률이 변하지도 않는데 무슨 말입니까? 투자 수익은 단순히 수익률만으로 이루어지지 않기 때문에 그렇습니다. 성공적인 투자를 위해서는 시드머니(seed money), 즉 투자금의 절대적인 액수도 중요하다는 것입니다.

투자를 처음 시작하는 사람들은 자신이 얼마나 큰 수익률을 올릴 수 있는지에만 집중하지, 자신이 투자금을 현재 얼마나 가지고 있는지는 고려하지 않는 오류에 빠진다고 지적합니다. 유튜브에서 '부동산 읽어주는 남자' 채널을 운영하고 있는 정태익 대표의 말을 들어 보세요.

투자 수익 = 투자금 x 수익률

이 간단한 공식이 주는 큰 깨달음은, 수익률 못지않게 투자금을 높이는 것이 중요하다는 사실입니다. 그런데 다들 수익률에만 신경을 쓰고, 투자금은 간과해 버립니다. 아니, 정확하게 말하면 투자금은 늘릴 생각조차 하지 않습니다. 투자금을 늘리려면 소득은 늘리고 소비는 줄여서 저축을 많이 해야 합니다. 한마디로 절약하며 살아야 하기 때문에 좀 더 쉬워 보이는 길인 높은 수익률만 바라는 거죠.[4]

---

4 정태익, 『부동산 투자 수업』(리더스북, 2022), p. 14.

하나님 앞에서 살아 낸 오늘

하나님 안에서 경건을 추구한다면 얻게 되는 가장 큰 보상이 있습니다. 그것은 바로 '하나님 앞에서 살아 낸 오늘'입니다. 오늘 내가 고생한 이유가 무엇입니까? 그래야 높은 돈을 얻을 수 있기 때문입니까? 상사의 인정을 받을 수 있기 때문입니까? 만약 그 인정과 그 보상이 제대로 주어지지 않고, 남들이 나의 고생을 알아 주지 않는다면 어떻게 해야 할까요? 우리는 이 시대에 소비를 통한 보상, 더 비싼 물건을 소유함을 통한 보상을 추구할 수밖에 없을 것입니다.

하나님을 사랑하는 사람이 누릴 수 있는 가장 큰 보상은 하나님 때문에 사랑하고, 하나님 때문에 견디고, 하나님을 사랑하는 마음으로 하나님이 원하시는 일을 행한 것 그 자체입니다. 오늘이 보상입니다. 사랑하는 존재를 위해 상대가 원하는 일을 해주는 것보다 더 큰 기쁨은 이 세상에 없습니다. 이것이 나의 가장 큰 보상이 될 때, 나는 나의 소비를 줄이면서 경건에 한걸음 가까이 갈 수 있습니다.

(2) 누림

내가 하나님 앞에서 경건을 추구하고 있는지 검증하는 또 한 가지 방법은 누리는 것(enjoyment)입니다.

네가 이 세대에서 부한 자들을 명하여 마음을 높이지 말고 정함이 없는 재물에 소망을 두지 말고 오직 우리에게 모든 것을 후히 주사 누리게 하시는 하나님께 두며(17).

부한 자들을 향한 경고를 통해 성경은 하나님의 속성을 소개합니다. 하나님은 '누리게 하시는 하나님'이십니다. 돈이 최고의 이익이 아니라 하나님이 최고의 이익임을 인정할 때, 하나님이 내게 주신 현재의 상황도 즐거움으로 누릴 수 있습니다.

그러므로 내가 지금 현재의 상태를 누리지 못하고 있다면, 하나님이 내 상황을 그의 선하신 성품 아래에 주셨다는 것도 인정하지 않는 상태일 수 있습니다. 지금 나는 내 직장과 내 가정을 어떻게 평가하고 있습니까? 나의 외모와 나의 연봉에 대해서 어떤 말을 내뱉고 있습니까? 하나님이 여러분을 다음 단계로 이끌어 가실 시간이 무르익었음을 알 수 있는 지표가 있습니다. 바로 내가 처한 그곳에서 즐거움을 찾는 법을 깨달았을 때입니다.

책 살 돈이 없었던 목사

저는 책을 사서 보는 것을 좋아합니다. 한사람교회를 개척하기 전에는 대기업에 다녔기 때문에 그래도 제가 원하는 책을 마구 사서 읽을 수 있었습니다. 매월 수십만 원은 지출했던 것 같습니다.

교회를 개척하고 나니 매주 설교를 준비해야 하는데, 직장에 다니던 때에 비해 수입은 절대적으로 줄어들고, 참고해야 할 책은 절대적으로 늘어나게 되었습니다. 하지만 가정의 재정 형편을 고려하면 필요하다고, 원한다고 무턱대고 책을 살 수는 없는 노릇이었습니다.

처음엔 하나님께 원망했습니다. "하나님, 제가 게을러서 책을 안 보겠다는 것도 아니고, 꼭 필요한 책인데 이런 책들을 사지 못해서 설교 준비를 못하면 어떡합니까?" 그런데 점점 제 마음이 바뀌었습니다. '가진 책으로만 준비해 보렴.' 이 마음을 주셨습니다. '나는 이 책만 가지고도 여기서 충분하다.' 스스로 이 마음부터 가져야 한다는 강력한 확신을 주셨습니다. 왠지 더 많은 책이 있어야만 설교 준비를 더 잘할 수 있을 것이라는 말은 제 핑계처럼 느껴졌습니다. 그래서 그때부터 내게 주신 여건이 내가 최고로 즐거워할 수 있는 조건임을 인정하고, 지출할 수 있는 한도 내에서 최선을 다해 예배를 준비했습니다. 매주 느꼈던 것은, 그 안에서 하나님께서 열매를 거두게 하시고 그 안에서 하나님이 원하시는 성도들의 변화를 일으켜 내셨다는 것입니다. 책이 더 많다고 더 많은 성과가 나는 것이 아니었습니다. 제한된 상황 속에 설교를 준비하면서 저의 재치와 통찰, 적용의 실력도 훨씬 나아졌습니다. 그때 깨달았습니다. 하나님이 주신 지금을 누릴 수 있을 때까지 그 안에서 발버둥 치는 것이 하나님의 뜻이라는 것을요.

개척 초창기 몇 년은 그렇게 시간이 흘렀던 것 같습니다. 하지만 시간이 지나면서 책을 소화할 수 있는 제 역량도 늘어나고, 교회 형편도 나아지면서 더 많은 책을 누릴 수 있는 여건도 허락해 주셨습니다. 오히려 지금은 '이렇게 책을 사볼 수 있게 형편이 나아졌는데도 예전보다 설교 준비가 잘 안되면 어쩌지?'라는 웃지 못할 걱정까지 할 처지가 되었습니다.

  10여 평 남짓 되는 집에서도, 얼마 되지 않는 급여로도 즐기며 살아가는 법을 먼저 배워야 합니다. 20평이 돼도 좁습니다. 30평이 돼도 충분하지 않고요. 급여가 올라도 너무나 부족한 일들이 많습니다. 그러니 지금 여기서 투자보다 먼저 배워야 할 것이 있습니다. 하나님이 지금 주신 상황을 주 안에서 누리는 것입니다.

여기가 좋사오니

  하나님이 이끄시는 투자 생활을 시작하고 싶으십니까? 먼저 내게 주신 '여기'가 참 좋아야 합니다. 내가 사는 곳을 사랑해 보세요. 내가 다니고 있는 회사를 먼저 즐거워해 보세요. 아무리 현실이 힘들어도, 내게 주신 가정의 현재가 내 인생 미래 투자의 가장 좋은 시드머니라고 생각해 보세요. 그럴 수 있을 때까지 삶의 방식을 훈련해 보세요. 일단 여기가 좋아야 합니다. 그 누림의 영이 임하면, 여러분은 다음 단계로 나아갈 준비가 된 것입니다.

크리스천의 투자노트

1. 돈과 직면하라.

   돈과 물리적으로 멀어진다고 해서 하나님과 가까워지는 것은 아니다. 돈을 거부하는 것이 아니라 돈을 하나님 아래에 종속시켜야 한다.

2. 경건을 무기로 삼으라.

   돈이 이익이 아니라 경건이 이익이다. 하나님 앞에서 하는 경제적인 고민 자체가 이익이 될 것이다.

3. 경건의 실천적인 실행: 줄임과 누림

   투자를 위한 첫 투자는 저축이며, 오늘 하나님 앞에서 즐겁게 누릴 수 있을 때 투자할 준비도 된 것이다.

3. 손실 난 계좌를 어찌하면 좋으리까

사도행전 1:6-9

부활을 믿는다는 것

어떤 투자자가 주식 투자 이후 많은 손실을 경험하며 부활주일을 맞았습니다. 그날 그 투자자는 함께 예배드리는 동료와 교회를 나오면서 큰 은혜를 고백했다고 합니다. "오늘 예배 때 정말 큰 은혜를 받았어." 옆에 있던 친구가 이유를 물었더니 이렇게 답했답니다. "오늘 예수님이 부활하셨다는 메시지는 나를 향한 메시지였어. 주님이 죽음에서도 부활하셨잖아? 그런데 그 말이 내 계좌도 부활할 수 있다는 확신으로 들리지 뭐야! 분명히 주님께서는 내 종목에 반등을 주실 것이 분명해!" 이야기를 듣던 친구는 아닌 듯하면서도, 부활의 메시지가 맞다면 그런 일이 실제로 일어나야 하는 것이 아닌가 헷갈리기 시작했습니다.

그리스도인들은 예수님의 부활을 사실로 믿으며, 그 능력이 죽음 이후뿐 아니라 현재 우리 삶에도 펼쳐질 것을 믿으며 살아가는 사람입니다. 하지만 현실은 어떻습니까? 죽음에서 살아나는 것은 죽고 나야 알 수 있는 일이지만, 현재의 삶에 죽은 것들도 살아나야 할 것 아닙니까? 그런데 그 능력이 나타나질 않습니다. 예수님의 부활의 능력은 어디로 간 것일까요? 분명 부활이 우리의 삶에 제대로 적용되지 않고 있음이 분명합니다.

회복의 착각

사도행전 1장은 예수님이 부활하신 직후의 이야기를 기록하고 있습니다. 제자들도 예수님이 부활하신 이후에 예수님을 다시 만난 것이고, 우리도 예수님이 부활하신 이후를 살아가고 있습니다. 그러니까 부활하신 예수님과 이야기하는 그 제자들과 비슷한 생각, 비슷한 실수를 하기 쉽겠지요.

제자들이 가장 크게 관심을 가졌던 것은 무엇일까요? 바로 '회복'이었습니다. 투자의 개념으로 말하자면 손실 난 내 계좌의 '원금 회복'이겠지요. 예수님이 죽음에서 살아서 돌아오셨다면, 뭐든 할 수 있는 것 아닐까요? 그래서 당연히 예수님께 회복을 물어 보기 시작했습니다.

이 당시 이스라엘, 그리고 유대인들은 로마의 지배 속에 많은 어려움을 겪고 있었습니다. 민족적인 관점에서 손실이 엄청났던 거죠. 그러니 예수님을 만나서 바로 이렇게 말하는 겁니다. "예수님! 이제 잃어버린 것, 우리가 당해 왔던 것 모두 복수하러, 회복하러 가시지요! 지금이 타이밍 아니겠습니까?" 사도행전 1장 6절을 보겠습니다.

그들이 모였을 때 예수께 여쭈어 이르되 주께서 이스라엘 나라를 회복하심이 이 때니이까 하니(6).

그런데 회복을 기대하는 제자들에게 예수님은 회복에 대해 다른 생각을 말씀하시기 시작합니다. 7절을 보세요.

이르시되 때와 시기는 아버지께서 자기의 권한에 두셨으니 너희가 알 바 아니요(7).
(NIV) It is not for you to know the times or dates …

"Not for you"

7절을 영어로 보면 회복의 때와 시기가 'not for you'라고 되어 있습니다. 이것은 회복이 없다는 말이 아니라, 하나님이 계획하신 회복의 때와 시기, 즉 방법은 제자들의 생각과 달랐다는 말이지요. 회복에 대한 약속을 주신 것은 맞습니다. 그러나 그 계획에 대해서는 우리에게 권한을 주지 않으셨습니다. 회복의 주도권을 사람에게 주신 적이 없다는 것입니다.

이 본문은 부활하신 예수님을 나의 구주로 삼은 사람들이 투자 활동을 할 때, 하나님에 대한 실망감에 빠질 수 있는 착각을 보여 주고 있습니다. 그것이 무엇입니까? 사람마다 '내 투자가 이렇게 회복되었으면 좋겠다.', '내 원금 손실이 이렇게 복구되었으면 좋겠다.'라는 기대가 있지만, 그 회복의 모양은 하나님께 있다는 것입니다. 아무리 하나님이 모든 것을 회복하실 것을 믿어도 회복의 방식을 내가 정해버리면, 그 자체가 나의 우상이 되어 하나님이 인도하시는 회복을 느끼지도, 경험하지도 못할 수 있습니다.

원금 회복은 없다

투자나 사업하시는 분들의 공통적인 이야기가 있습니다. 사람은 손실 회피 성향, 손실 복구 성향이 엄청나게 크다는 것입니다. 부동산이든 주식이든 사업이든, 인간은 손실을 한 번 보면, 그 손실만큼은 다시 회복해야 한다는 기대 때문에 투자에 있어서 바르게 판단할 능력을 잃어 버리게 된다는 말이지요.

잃은 것이 워낙 크다 보니까 가능성 없는 자산을 냉정하게 털지도 못합니다. 또 지금까지의 손실이 너무 커서, 현재 자산의 약간의 수익에는 만족을 못 하고 원금을 회복하려고 더 무리하게 기다리다가 수익이 날 때도 팔지 못하는 우유부단함이 생기게 됩니다. 이 모든 성향은 사람의 영적인 본능입니다. 어떤 본능입니까? '회복에 대한 기대' 바로 이 기대가 투자 활동을 망치게 된다는 것입니다.

그래서 여러 투자에서 손실을 보고 계시다면 꼭 기억하세요. 앞으로 투자를 지속하기 위한 원칙입니다. **원금 회복 같은 건 없습니다.** 원금에 대한 환상, 이것이 우리의 투자 생활을 가장 크게 망치는 길입니다.

"아니 그럼 목사님, 잃어버린 내 원금은 어떻게 하나요? 부활하신 예수님이 내 원금 정도도 복구 못 시켜주십니까! 한 번만 상한가를 가게 해주세요!" 이렇게 물을 수 있습니다. 아닙니다. 원금을 재정의해야 합니다. 원금은 무엇입니까? 내가 지금 들고 있는 그 돈이 원금입니다. 여기서 다시 출발하는 것이 성공적인 투자로 가는 가장 빠른 회복의 시작이 됩니다.

원금의 우상

저는 방금 주식 투자를 이야기했지만, 하나님 앞에서 내 인생을 투자하고, 내 인생에 대한 손실을 생각할 때도 동일한 방식이 적용될 수 있다고 생각합니다. 인생도 마찬가지로 원금의 우상이 있습니다. 내가 예전에 누렸던 행복, 예전의 전성기, 예전의 직급들이 있습니다. 살아가면서 어느 순간 그런 것들이 갑자기 없어지고, 줄어들고, 좁아지고, 추락하는 경험을 하게 됩니다. 그때, 내 마음속에 있는 원금 즉, '내 모습은 원래 이러해야 한다.'라는 원금의 하나님이 실재하는 한, 그리스도인들은 아무리 예수님을 믿는다고 말해도 내 현재를 감사하지 못하게 됩니다.

오래 준비했던 시험이나 취업에 떨어지기도 하고, 연애를 길게 했는데 헤어지기도 하고, 직장이 바뀌기도 하고, 경력 단절이 되기도 하고, 퇴직을 하기도 합니다. 내 피부, 내 계좌, 내 뱃살, 내 나이, 우리 집안, 원래 이러지 않았는데! 부활의 주님이시라고 했으니 제대로 한 번 역전시켜주시겠지?라는 생각에 더 나은 남자, 더 큰 투자, 더 무리한 학업, 무리한 운동에 집착합니다. **내가 정해 놓은 기준에 다시 도달하는 회복**만을 추구하게 되는 것이지요. 이제 보이시나요? 원금이라는 우상이 있는 한 그리스도인은 하나님을 따라가는 것이 아니라 내가 세운 원금 회복이라는 목표에 종속되어 끌려다니게 되어 있습니다. 한 투자자가 원금 회복에 대한 관점을 이렇게 기록했습니다.

왜 원금 회복 정신이 안 좋은 걸까요?
돈을 벌려고 하는 것과 돈을 찾으려고 하는 것… 돈을 벌려고 하는 건 쫓는 자입니다. 돈이 어딨지? 하며 여기저기 뒤지는 거죠. 돈을 되찾으려 하는 것은 쫓기는 자이죠. 숨바꼭질의 숨는 자. 이미 돈을 잃어서 지금 남은 돈마저 날리면 안 되고 원금을 회복해야 한다는 두 가지 부담에 스트레스를 받죠.

이 세상의 싸움의 법칙, 절대 불변의 법칙, '다급한 사람이 진다'입니다. 연애도 급한 사람이… 계약 때도 급한 사람이… 뭐든 급한 사람이 끌려다니게 되어 있습니다. 아직도 원금 회복 어쩌고 본인의 마음속에 그런 마음이 있다면 그 생각을 완전히 비우고 현재의 자금이 원금이다라는 생각이 들 때까지 주식계를 떠나 있으세요.

눈앞의 마이너스가 걸리적거린다고요? 1만 원에 산 놈이 6천 원이라 마이너스가 커 보인다고요? HTS에 매입 단가 변경이라고 있습니다. 매입 단가를 5,500원으로 바꾸어서 약 플러스 상태로 바꾸세요. 마음이 달라집니다. 세상에서 가장 아둔하고 멍청한 생각, 원금 회복 생각입니다.[1]

전통 교회 목사님들의 충격

코로나 사태가 벌어지면서, 몇십 년간 교회를 개척하고 세워 오신 여러 담임목사님이 가끔 부교역자들에게 한탄하시는 일들이 많아졌다고 합니다. 그분들은 현재 목양하는 성도들의 수는 제각각일지라도, 꾸준히 교인들이 하나둘씩 모이는 '우상향'의 목회만을 경험하신 분들이 대다수였습니다.

그런데 코로나가 말도 안 되는 충격을 준 것입니다. 이렇게 성도들의 자리가 텅텅 비어 본 적이 없습니다. 이렇게 성도 수가 줄어들어 본 적이 없습니다. 그래서 애꿎은 동역하시는 목사님들께 누구누구 성도가 어디에 있는지, 어떻게 된 것인지 계속 심방을 독촉하면

---

[1] https://cafe.naver.com/withstock/613862

서 답답해하시는 경우가 있었다고 합니다.

우리 교회도 마찬가지였습니다. 개척하고 4년 차가 되면서 감사하게 교회 성도들이 점점 지인들을 전도하며 방문자가 늘어나고 있었습니다. 그런데 코로나 시기에 교인의 좌석 수를 20%로 제한하니까 교회 예배당에는 10명 정도밖에 참석하지 못하는 상황이 벌어졌습니다. 저도 우리 교회 교역자 탓을 하고 싶은 마음이 순간적으로 들었습니다. '요즘 사역을 좀 더 열심히 해야 하지 않겠어?', '자네 요즘 기도 안 하는 거 아니야?' 그러나 그것은 상황을 원망하는 제 마음의 의미 없는 불평이었음을 깨달았습니다. 부교역자가 무슨 잘못이 있나요? 얼른 예전 상황으로 복구하고 싶은 마음이 내 마음을 지배하고 있음을 깨달았습니다.

그래서 동역하는 교역자와 비싼 갈비를 먹으면서 이야기했습니다. "이전 상황으로 돌아가는 건 없어. 여기가 원금이야. 이 상황, 여기에 남은 성도들 데리고 다시 시작하는 거야." 그 결단이 우리 교회가 회복으로 가는 길이었습니다.

손실을 통해 하나님 만나기

제자들이 생각했던 그 회복의 '콘텐츠'는 무엇이었을까요? 제자들의 관심은 이스라엘의 회복에 있었습니다. 그것이 원금 회복에 대한 집착입니다. 그러나 부활하신 예수님께 회복을 물었을 때, 예수님은 더 큰 비전을 보여 주셨습니다.

그들이 모였을 때 예수께 여쭈어 이르되 주께서 이스라엘 나라를 회복하심이 이 때니이까 하니 오직 성령이 너희에게 임하시면 너희가 권능을 받고 예루살렘과 온 유대와 사마리아와 땅끝까지 이르러 내 증인이 되리라 하시니라(6, 8).

이스라엘 백성들은 자기 나라의 회복만을 기대했습니다. 이스라엘을 회복시켜 달라는 말을 무시하지 않으셨습니다. 그런데 예수님은 더 큰 회복, 더 먼저되는 우선순위를 보여 주셨습니다. 그것이 무엇입니까? "온 유대와, 사마리아와, 땅끝까지 이르러 내 증인이 되라!" 무슨 말입니까? 이스라엘을 넘어선 하나님 나라의 회복을 계획하고 계셨습니다. 이렇듯 하나님의 회복은 단순히 내가 잃어버린 이스라엘을 복구하는 데에 머물지 않고, 더 광범위하게 이루어짐을 알 수 있습니다.

언제쯤 내 원금을 회복할 수 있을지 많이 고민됩니다. 그러나 그 회복의 계획에 앞서, 먼저 하나님 앞에 서야 합니다. 오늘 다짐하세요. "내가 좇는 원금 회복의 욕구를 내려놓겠습니다. 오늘 내게 주신 삶 속에서 하나님과의 관계 회복이 시작될 것을 기대합니다." 회복에 대한 나의 고집스러운 주권, 나의 목표를 내려놓는 것이 부활의 능력을 체험하는 길입니다.

회복의 모양

하나님은 우리가 가진 회복에 대한 막연한 기대감을 어떻게 고쳐 나가실까요? 부활 이후 제자들이 했던 고민들은, 이미 부활을 믿고 있는 우리 삶의 회복에도 중요한 통찰을 던져줍니다. 하나님의 회복은 첫째로 (1) 실패의 모양으로 일어난다는 것이고, 둘째로 (2) 개별적으로 나타난다는 것입니다.

(1) 실패의 형태로 나타나는 회복

분명히 예수님이 펼쳐가시는 부활의 능력은 실패의 형태도 회복의 과정이라는 사실을 보여 주고 계십니다. 6절을 보세요.

> 그들이 모였을 때에 예수께 여쭈어 이르되 주께서 이스라엘 나라를 회복하심이 이 때니이까 하니(6).

제자들이 원했던 것은 이스라엘 나라의 회복이었습니다. 이것이 자신들의 자부심이었고, 이것이 자신들의 정체성이었습니다. 지금은 이스라엘 나라가 망쳐져 있으니, 회복이 아니라 불행한 상태라고 여겼습니다. 즉, 누리던 원금이 없어진 것이지요.

그러나 예수님께서는 지금 이 상황을 통해서 제자들을 증인으로 부르시고 온 백성을 구원하시는 하나님이 계획하신 새로운 회복을 실행해 나가고 계셨습니다. 하나님은 복구하시는 것이 아니라 파괴

된 것 속에서도 새로운 창조를 통해 나아가실 때가 있음을 보여 주고 있습니다. 예루살렘이 건재했다면, 온 인류를 구원하시고 이방인을 건지시는 예수 그리스도의 사랑을 경험하지 못했을 것입니다. 유대인이라는 정체성이 흔들렸기에, **그리스도인이라는 정체성**이 더욱 명확해졌습니다. 예루살렘이 흔들렸기에, **천국 소망**이 흔들리지 않았습니다. 이것이 실패를 통해 회복을 확장시키시는 예수님의 방법입니다.

나를 흔드시는 하나님

투자를 누가 했습니까? 내가 했습니다. 매수와 매도의 결정도 모두 내가 했습니다. 온전히 나의 책임입니다. 그러나 세상은 거기까지만 말합니다. 네가 저지른 일이니, 네가 다 책임지라고 말합니다. 네가 스스로 복구하지 못하면 네 삶은 끝이라고 말합니다. 틀린 말이 없습니다. 다 맞는 말입니다. 성경도 죄를 저지른 책임을 하나님께 전가하는 것을 결코 합당하다 말하지 않습니다.

하지만 우리 예수님은 내가 저지른 죄를 대신 가져가신 분 아닙니까? 죄인인 나를 대신해 죽으셔서 부활로 살아나신 분 아니신가요? 그렇다면 투자 실패에 처한 내 인생에는 그 부활의 능력을 어떻게 적용해야 할까요?

하나님 안에 있는 투자자들은, 하나님이 나의 투자 실패를 통해 **하나님을 명확하게 보지 못하게 만드는 모든 정체성을 흔드심**을 기억해야 합니다. 투자가 잘 될 때가 있습니다. 조그마한 돈을 가지고 시작했는데 벌써 수천만, 수억으로 불었습니다. 수익률이 30%, 60%, 100%에 육박합니다. 그때 무슨 생각이 듭니까? 어느새 나의 정체성은 '하나님의 사람'이 아니라 '투자 전문가'가 됩니다. 그 말이 자랑스럽고 뿌듯합니다. 모든 게 내 능력 같습니다.

주식 투자로 돈을 벌었습니다. 나는 '주식 투자를 잘하는 사람'이 되었습니다. 부동산으로 큰돈을 벌었습니다. 나는 '비싼 부동산을 소유한 자'가 되었습니다. 코인에 물이 들어올 때 크게 벌었습니다. 나는 '기회를 잡은 자'가 되었습니다. 그러다가 갑자기 내가 들고 있던 주식이 거래 정지를 당하기도 합니다. 코인 판에서 거래소가 문을 닫는 말도 안 되는 일이 벌어지기도 합니다. 부동산의 거래량이 급감하여 급매로 내놓아도 팔리지 않고, 금리가 올라 대출액을 감당할 수 없는 지경에 놓이기도 합니다.

"하나님, 잘 되던 투자에 왜 찬물을 끼얹으십니까!" 모두 하나님을 탓하며 우리가 하고 싶은 말입니다. 내가 마음대로 투자해 놓고선 말입니다. 하지만 하나님은 그곳에서도 일하십니다. "네가 결정한 일이잖아. 네가 알아서 해."라고 말씀하지 않으십니다. 우리의 실패들 속에서 우리 마음에 새롭게 말씀하시고, 흔들림 속에 새로운 회복을 주십니다.

하나님이 흔들리게 하실 때는 분명 이유가 있습니다. 내 안에 이스라엘이 깨지기를 원하시는 것입니다. 내가 언제부터 투자를 잘하는 사람이었습니까? 흔들리는 순간부터는 한 치 앞을 알 수 없는 게 인생이라고 말하고 다닙니다. 부동산을 모르는 사람들에게 우쭐대며 우월감을 느꼈습니다. 이제는 부동산 이야기를 꺼내지도 않습니다.

내가 자랑하던 것, 내가 투자하며 큰 성과를 내던 것에 하나님은 분명히 큰 흔들림을 허락하실 것입니다. 왜 그렇습니까? 내 안에 이스라엘에 대한 회복의 기대가 무너져야, 내 인생을 회복시키시는 하나님의 투자가 성공하게 되기 때문입니다.

천만 원을 잃은 투자자의 회복

주식 투자를 시작하면서 꾸준히 수익률을 높여 가던 형제와 이야기를 나눈 적이 있습니다. 그는 데이트레이더였는데, 한 달에 20% 이상의 수익률을 기록하고 있었습니다. 장기간 누적 수익률이 상상을 초월했습니다. 그가 투자를 시작하게 된 계기도 일반 사람들과 다를 바 없었습니다. "급여 소득 가지고는 충분하지 않잖아요. 분명히 무언가 더 해야 한다는 생각이 들었고, 직장인으로서 투자 외에는 다른 길이 없다고 생각했어요." 이 말이 중요합니다. 그의 생각 안에 있었던 핵심적인 불안이 보이십니까? 그것은 바로 내가 가진 것에 대한 '부족함'이었습니다. 부족해서 시작하게 된 것이 투자라는 말입니다.

수익률이 높아만 가던 어느 날, 투자금을 늘려도 되겠다는 생각이 들었답니다. 얼마 남지 않은 돈 수십만 원으로 시작했던 작은 투자금이 이제 수백, 수천으로 늘어갔습니다. 투자 원금이 커지니 수익률도 기하급수적으로 늘어나기 시작했습니다. 이전에 작은 손실과 수익은 눈에 들어오지도 않을 정도가 되었습니다.

그러나 투자의 위험성도 바로 그곳에 있었습니다. 예전에 벌었던 것이 아무리 많아도, 더 큰 투자금을 다시 재투자하기 때문에, 큰 투자금에서 손실이 나기 시작하면 이전의 꾸준한 수익을 한순간에 모두 반납하게 되는 결과를 맞이하게 되는 것이죠.

그 형제도 바로 그 거대한 손실의 순간을 경험했습니다. 수백만 원씩 벌다가, 며칠 만에 천만 원이 넘는 손실을 보게 된 것입니다. 충격받은 마음을 추스르기를 며칠 후, 하나님께 기도했답니다. "하나님, 제가 돈이 부족한 것 아시잖아요? 돈이 부족해서 시작한 건데 이런 일을 당하니 너무 힘드네요. 이 손실은 제 인생에 나쁜 일일 뿐일까요? 제 실패에 찾아와 주시고, 제게 말씀해 주세요. 저 자신이 너무 한심하고 부끄러워서 원금을 회복하게 도와 달라고 기도도 못하겠어요, 주님."

응답이 없는 것 같았습니다. 그런데 하나님이 어느 순간 마음에 응답을 주시더랍니다. 길을 걷고 있는데, 자신이 천만 원이나 잃었는데도 아무렇지 않게 직장을 다니고 생활하는 모습을 보게 되었답니다. 자기는 잃은 것보다 많은 돈이 있었고, 여전히 직장에 다니고 있었기 때문에 손실을 겪은 이후에도 똑같이 맛있는 밥집에 가고, 친구를 위해 똑같이 선물을 사고, 똑같은 금액의 헌금을 하는 자신을 보았다는 것입니다. 그리고 나서 하나님이 갑자기 마음에 강하게 외치시는 소리를 들었다고 합니다.

"네가 천만 원을 한순간에 날렸지? 네가 가진 돈이 현재 '부족'하다고 생각해서 투자를 시작했지? 다시 생각해 보아라. 네가 순간적으로 잃어버린 천만 원을 네가 투자하기도 전에 이미 공급했던 자는 누구냐?"

가진 돈이 부족하다고 생각하고 투자를 시작했습니다. 그러나 인제 와서는 잃어버린 천만 원만 찾을 수 있다면 나는 정말 행복할 것이라고 느끼는 자신의 모습을 보면서, '천만 원을 잃은 것'이 아니라, '이미 천만 원을 공급하셨던' 하나님이 느껴졌다고 합니다.

그는 그때부터 투자에 관한 생각이 완전히 바뀌게 되었습니다. 하나님은 투자자로서 그의 마음을 회복시키셨습니다. 천만 원을 잃었는데, 천만 원을 잃고도 멀쩡하게 살아갈 수 있도록 천만 원을 이미 '주신' 하나님이 보인 것입니다. 이것이 투자 손실을 통한 그의 회복이었습니다.

하나님의 사람들의 투자는 내가 가진 돈이 부족해서, 조급하고 두려운 마음에 시작하는 것이 아닙니다. 현재 주신 것에 대한 감사 속에서, 하나님의 물질을 좀 더 지혜롭게 다루어 보길 원한다는 여유 속에 시작해야 하는 것입니다.

나에게 이르시기를 내 은혜가 네게 족하도다 이는 내 능력이 약한 데서 온전하여짐이라 하신 지라 그러므로 도리어 크게 기뻐함으로 나의 여러 약한 것들에 대하여 자랑하리니 이는 그리스도의 능력이 내게 머물게 하려 함이라(고후 12:9).

어느 방탕한 사역자의 노트

다시 성공해야 회복되는 것이 아닙니다. 실패의 형태를 통해서도 하나님의 회복이 나타납니다. '채드 버드'(Chad Bird)라는 교수님이 계십니다. 30세에 최연소 신학교 교수까지 되었다가, 불륜 때문에 이혼하고, 퇴직하고, 목회자 면직까지 당하게 됩니다. 이 교수님은 다른 사람을 탓할 수도 없었습니다. 모두 자기 잘못 때문에 벌어진 일이었으니까요.

목회자직을 버리고 텍사스에서 탱크로리를 끌며 일하기 시작합니다. 어느 날, 트럭 안에서 시편을 읽다가 하나님이 자신을 버리지 않으셨다는 것을 깨닫게 됩니다.

이 낮은 곳에서 나는 죽었다. 강의실 앞에 서 있는 성공하고 자만한 교수는 죽었다. 내 존재는 사라졌다. 나는 판지 상자를 싣는 이름 없는 노동자가 되었다. 그러나 나는 하나님이 창조, 아니 재창조를 위해 사용하실 재료였다.

… 그는 무로부터 창조하신다. 그래서 그는 자신을 '어떤 무엇'이라 생각하는 그런 우리를 '무'로 만드신다. … 이것이 우리가 가장 두려워하지만 가

장 필요한 죽음이다.[2]

대부분의 간증의 스토리에 나오게 되는 바닥 경험입니다. 그도 마찬가지였습니다. 자신은 이제 죽는 그 과정을 다 거쳤다고 생각하고 하나님의 회복을 기다립니다. 그는 결국 재혼에 성공하게 되었습니다. 뻔한 스토리입니다. 그러나 여기서부터가 다릅니다. 이 교수님이 재혼한 지 7개월 만에, 또 아내가 떠나가는 아픔을 겪습니다. 투자로 따지면 원금 회복에 실패한 것입니다.

그는 하나님이 자기 삶에 장난을 치신다는 생각이 들기 시작했습니다. 자신은 '원금을 회복'했다고 생각했습니다. '복구'했다고 생각했습니다. 하나님을 만나는 것이 아니라 다시 가정을 만들어 내는 것이 자신의 '원금'이었습니다. 원금을 신격화시켰다는 의미심장한 고백을 한번 들어 보시지요.

> 나 자신의 삶을 되돌아보면, 내가 예전 상태로 되돌아간 경로를 추적할 수 있다. 나는 재혼한 아내를 신격화했다. 그녀를 잃기보다는 오히려 하나님을 잃고 싶었다. 내가 새롭게 창조한 삶을 경배했다. 하나님이 아니라 그것이 내 기쁨의 원천이었다. 하나님이 아니라 그것이 내가 하루를 살아내기 위해 신뢰하는 것이었다. 내 구원은 새 결혼생활이었고, 내 희망은 내가 충분히

---

2 채드 버드, 『어느 방탕한 사역자의 노트』(그리심, 2019), p. 42.

영리하고, 충분히 잘생기고, 충분히 운이 좋아 내 것으로 삼은 이 새로 찾은 가족이었다. 그렇게 나는 내가 삶의 창조자라고 믿었던 예전 삶의 방식으로 다시 빠져들어 갔다.[3]

보이십니까? 하나님은 우리가 고난을 겪으면서도 끝까지 놓지 않는 원금 회복의 우상을 내려놓게 하십니다. 이리 흔들리고 저리 흔들리며 내가 회복이라고 생각하는 그 모든 나만의 상상과 기준들을 깨뜨리십니다. 언제나 이것은 패배요, 실패처럼 보입니다. 그러나 하나님은 바로 이 방식으로 하나님이 이끄시는 새로운 회복을 맛보게 하십니다.

(2) 회복의 개별성

하나님이 이끄시는 해결은 절대 집단적으로 벌어지지 않습니다. 하나님의 해결을 집단적으로, 문화적으로 생각하는 기준과 연결시켜서는 안 됩니다. 본문은 제자들이 회복을 질문할 때, 예수님께 집단적으로 물었음을 보여줍니다.

그들이 모였을 때에 예수께 여쭈어 이르되 주께서 이스라엘 나라를 회복하심이 이 때니이까 하니(6).

---

[3] 같은 책, p. 96.

"그들이 모였을 때에" 그러니까 같은 문화, 같은 집단, 같은 정체성 속에는 자연스럽게 '이것이 바람직하다.'라고 받아들이게 되는 가치들이 있다는 말입니다. 제자들 집단에서 공통적으로 원한 것이 있었다는 말이지요. 내 인생의 회복은 이러저러해야 한다는 말 속에는 사실 내가 살고 있는 문화 속에서 '이것이 멋진 인생이다. 이것이 잘나가는 인생이다.'라고 집단적으로 사고하는 기준에 맞추어질 때가 많다는 말입니다. 제자들이 나름 개인적으로 예수님을 만난 사람들인데도 그 문화에 휩쓸려 버리면 개별적인 회복의 인도하심을 따르지 못하게 됩니다.

요즘 투자도 마찬가지 아닙니까? 내가 언제부터 코인에 관심이 있었습니까? 사실 주변에서 큰돈을 벌었다길래 나도 관심을 가지게 된 것 아닙니까? 나는 시시각각 가격이 변하는 주식시장에 어울리지 않는 사람입니다. 그러나 주변에서 다 한다니까 나도 안 할 수가 없게 되었습니다. 사실 우리의 투자 주제는 굉장히 '집단적'으로 나타나는 경우가 많습니다. 그러나 명심해야 합니다. 하나님은 집단적인 분위기 속에서, 나의 회복을 개별적으로 인도하시는 분이십니다.

친구들끼리 모였을 때 나타나는 주제

이렇게 스스로 질문해 보시면 됩니다. 친구끼리 모였을 때, 결혼한 친구를 만났을 때, 인스타그램을 할 때, 내 친구들이 공통적으로 관심을 두는 성공적인 인생의 모습은 어떻습니까?

제자들의 매일의 주제는 온통 이스라엘 나라였습니다. 나도 마찬가지 아닐까요? 연봉 얼마 받아요? 요즘 투자 어떻게 해요? 그 부동산이 정말 뜨나요?라고 평범한 이야기를 하지만 정작 하나님이 내 안에서 무엇을 회복시키시길 원하시고, 어떻게 디자인해 나가시는지 나만의 흐름은 없는 경우가 많습니다. 우리의 결정은 보통 매우 집단적입니다.

칼 트루먼이라는 신학자가 재미있는 비유를 했습니다. 이 시대는 집단적인 문화의 승인이 필요하다는 말을 설명하며, 10대 청소년 비유를 듭니다. 10대 청소년들은 자신이 누구보다도 개성 있고, 누구의 말도 듣지 않는 자유로운 존재라고 인정 받고 싶어 합니다. 하지만 그들을 집단적으로 놓아두면, 결국 다 똑같은 옷을 입고, 똑같은 행동을 하는 '집단을 따라가는 무리들'일 뿐이라는 것이죠. 칼 트루먼의 말을 들어 보세요.

요약하면, 10대 청소년은 모두가 서로 똑같아 보이고 똑같은 옷을 입고 똑같이 말하는 경우가 많다. 이것은 인간이 그저 자유롭기만 바라는 것이 아니라는 사실을 강조한다. 우리는 또한 자신을 받아 주고 긍정해 주는 특정 집단에 소속하고 그 집단의 일원이 되기를 원한다. 우리는 사회적 존재여서 자신이 다른 사람과 연결되고 공동 정체성 의식을 갖게 되는 상황에서 가장 잘 번성한다. 어느 집단이나 공동체에 속하는 용어는 우리가 개인적으로 만들어 낸 것이 아니라, 자기가 소속해 있고 자기가 일원이 되기를 희망하고 그것에 의해 승인받기를 원하는 사회가 구성하는 것이다. 이런 10대 청소년은 아마 부모가 정한 규범에 저항하겠지만, 자기가 동일시하기를 바라는 사람들이 세운 체계에는 순응할 것이다.[4]

이해가 되십니까? 나의 회복의 모습은 무엇입니까? 내 삶에 그려 나가시는 하나님의 계획은 결코 집단적으로 나타나지 않습니다. 개별적인 이야기를 그려가야 합니다.

위라클(WERACLE)

유튜브 채널 '위라클'(WERACLE)의 운영자인 박위 형제가 있습니다. 그는 잘나가는 직장인이었습니다. 인턴으로 일하던 외국계 의류회사에서 정규직 전환 소식을 받고 '취업턱'을 내겠다며 정식 출근을 일주일가량 앞두고서 친구들을 불러 모아 파티를 열었습니다. 그리고 그만 술에 취해 건물 2층 높이에서 떨어져 경추가 골절되는 사고로 전신마비 판정을 받게 됩니다. 앞으로는 걷지도 못할 것이고, 손가락도 못 움직이게 될 것이라는 이야기를 듣습니다.

이 형제에게 회복이란 무엇입니까? 다시 걷고, 다시 예전 모습으로 돌아가는 일일 것입니다. 그러나 하나님의 회복의 모습은 달랐습니다. 여러 가지 재활의 모습을 통하여서 하나님이 이끌어 가시는 회

---

[4] 칼 트루먼, 『이상한 신세계』(부흥과개혁사, 2022), p. 141-42.

복의 모습은 자신의 생각과 달랐습니다. 하나님은 못 보던 장애인들을 보게 하셨습니다. 장애인들에 대한 기존의 시각들을 바꾸어야 한다는 사명을 받게 됩니다. 다음 그의 고백을 들어 보세요.

> 기존 미디어에서 봐왔던 '장애' 관련 콘텐츠들은 재미가 없었다. TV 속에서 장애인은 극심한 장애를 극복한 영웅적인 사람으로 묘사된다. 아니면 모금 방송에서 가난과 질병으로 고통받고 있는 모습으로 나오기도 한다. 영상을 보는 사람들은 장애인에 대해 '장애를 극복한 영웅' 혹은 '도움을 받아야 될 대상'으로 생각하게 되는 것이다.
> 모든 것을 바꾸고 싶었다. … 휠체어를 탄 내가 여러 미디어에 자주 노출된다면, 사람들은 휠체어를 탄 나의 모습을 더 이상 특별하게 생각하지 않을 것이다.[5]

눈물이 없는 유튜브

이 채널에 실제로 들어가 보면 슬픈 이야기가 별로 없습니다. 웃긴 이야기만 나옵니다. 더러운 이야기이긴 하지만, '전신마비인 사람이 혼자 좌약 넣는 법', '하반신 마비인 사람이 똥 싸는 법', '하반신 마비인 사람이 양말 신는 법' 같은 영상이 올라와 있습니다. 눈물 흘릴 준비를 하며 채널에 들어왔던 사람도 웃고 나갑니다. 단순한 장애 이

---

5 박위, 『WERACLE』(토기장이, 2022), p. 179-80.

야기라면 조회수도 별로 높지 않을 텐데, 아주 잘생긴 청년이 그런 영상을 올리니 조회수가 수백만이 넘습니다.

박위 형제와 비슷하게 온갖 우울에 빠져 있던, 마비로 어려움을 겪는 사람들이 회복의 고백을 보내오기 시작했답니다. 박위 형제를 만나서 우울했던 자신의 삶에 다시 희망을 찾게 되고, 다시 열정을 가지고 자신의 삶을 마주하게 되었다는 이야기들이 들려 왔다고 합니다. 박위 형제도 물론 자신의 걷지 못하는 발이 회복되기를 기도했습니다. 그러나 하나님의 회복은 박위 형제가 상상했던 원금 회복과는 달랐습니다. 하나님의 회복의 모양은 더 크고 넓은 것이었으며, 다른 사람이 흉내 낼 수 없는 개별적인 것이었습니다.

회복의 권능

그렇다면 어떻게 그 회복을 기대하면서 내 기대와 다른 현실을 받아들일 수 있을까요? 회복의 권한은 분명 내게 있지 않지만, 주님이 내게 주신 것이 있습니다. 주님은 내게 권능을 주십니다.

오직 성령이 너희에게 임하시면 너희가 권능을 받고 예루살렘과 온 유대와 사마리아와 땅끝까지 이르러 내 증인이 되리라 하시니라(8). (NIV) But you will receive power when the Holy Spirit comes on you;

주님께서 이 땅을 언제 어떻게 회복시키실지 우리에게 권한이 없습니다. 그러나 그분이 주신 권능을 가지고 전도합니다. 이 마찬가지 적용이 개인의 삶 속에도 있어야 합니다. 회복의 권한은 내게 없습니다. 오로지 주님이 하십니다. 그러나 우리에겐 주님이 주신 권능이 있기 때문에 주님 뜻대로 행하며 나갈 때 내 삶을 통해서 나타나는 예수님의 회복의 능력을 체험할 수 있습니다.

도대체 어떤 권능?

도대체 하나님이 권능으로 함께하신다는 것이 무슨 뜻입니까? 그 말은 예수님의 회복의 능력이 내 삶에도 똑같이 펼쳐지게 된다는 것입니다. 사람에게는 원금 회복의 가능성이 영원히 없어지는 순간이 찾아옵니다. 인생을 큰 투자 게임이라고 생각해 보십시오. 그 게임이 끝나는 순간이 옵니다. 모든 원금이 '0'(제로)로 바뀌는 순간입니다. 그것이 모든 게임 참여자가 맞는 죽음의 순간입니다. 우리의 인생의 원금은 영원히 복구되지 못하게 운명 지어져 있습니다. 그것이 죽음의 의미입니다. 그러나 예수님은 우리의 죽음을 재료로 삼아, 십자가에서 부활을 만들어 내시고 그것을 믿는 자마다 같은 회복을 경험할 것을 약속해 주셨습니다.

그리스도께서 약하심으로 십자가에 못 박히셨으나 하나님의 능력으로 살아 계시니 우리도 그 안에서 약하나 너희에게 대하여 하나님의 능력으로 그와 함께 살리라(고후 13:4).

인간이 경험하는 가장 큰 투자 손실은 '죽음'입니다. 그러나 예수님은 그 손실을 재료 삼아 부활이라는 수익을 창출하신 분이십니다. 그 능력이 우리 삶에 지금도 펼쳐지고 있다면, 나는 확신할 수 있습니다. 하나님이 내게 주신 아직 회복되지 않은 상황들은 결코, 결코 하나님이 회복에 관심이 없으셔서가 아님을 말입니다. 이제 내 안에 잔재해 있는 내가 생각하는 원금 회복의 목표도 버릴 수 있습니다.

'내 주변에서 집단적으로, 문화 속에서 들려오는 회복의 기준들을 다 멀리하겠습니다.' 이 다짐을 가지고 오직 내가 하나님의 뜻대로 증인된 삶을 살아나간다면, 내 삶에 하나님이 원하시는 회복이 전인격적으로 나타날 뿐만 아니라 내 주변에 회복이 창조되는 삶이 나를 통해서도 펼쳐질 것임을 확신할 수 있게 됩니다. 이 권능의 길을 걷는 여러분이 되시기를 바랍니다.

오직 성령이 너희에게 임하시면 너희가 권능을 받고 예루살렘과 온 유대와 사마리아와 땅끝까지 이르러 내 증인이 되리라 하시니라(행 1:8).

크리스천의 투자노트

1. 원금 회복의 우상을 버려라.

   원금을 복구하려 애써서는 안 된다. 지금 내가 처해있는 이 모습, 이 금액이 원금이다. 하나님의 회복은 원금 복구가 아닌 다른 모습으로 펼쳐진다.

2. 하나님의 회복은 모양이 다르다: (1) 실패의 형태로 (2) 개별적으로

   투자의 실패 속에 하나님을 떠난 나의 정체성을 돌아보게 만드시고, 더 깊이있는 회복이 실행될 것이다.
   집단적인 투자 이야기에 휩쓸려서는 안 된다. 회복은 개별적이다. 내 삶의 독특한 회복으로 이끌어 가신다.

3. 부활의 능력을 신뢰하라.

   부활의 능력은 곧 회복의 능력이다. 죽음을 이기신 예수님이 단순히 손실의 복구를 넘어서 나를 더 충만하게 회복시키실 것이다.

4. 가치의 변화를 이해하기

열왕기하 6:24-25

경제적 가치가 전부라면

자본주의 시대의 핵심은 경제적 가치입니다. 사람이나 기업이 특정한 행위를 했을 때 얼마나 큰 가치를 만들어 낼 수 있느냐에 따라 그 사람의 가치를 판단하지요. 그리스도인들은 사람이 하나님의 형상이고, 각 개인이 하나님 앞에서 고귀한 가치를 가진 존재라는 것을 배웁니다. 그러다 보니 자본주의 사회가 더욱 불편하게 느껴질 때가 있습니다. 내가 능력이 없다고 연봉을 적게 주고, 저 사람이 성과가 많다고 경제적 가치를 높게 평가하는 것을 보면서 자본주의를 맹목적으로 싫어하게 되지요. 사람에 대한 판단을 경제적인 잣대로 하는 것에 쉽게 반대하게 됩니다.

경제적 가치는 변한다

성경에서는 어떤 사물의 가치가 변해가는 것은 이 땅에서 아주 자연스러운 일임을 말해 주고 있습니다. 열왕기하 6장에 보면 이스라엘 백성이 아람 왕과 전쟁을 하는 내용이 나옵니다. 아람 왕이 사마리아를 에워싸서 그 성에 보급이 끊기게 됩니다. 그랬더니 성안에 있던 모든 물품들의 시세가 올라가기 시작했습니다.

이 후에 아람 왕 벤하닷이 그의 온 군대를 모아 올라와서 사마리아를 에워싸니 아람 사람이 사마리아를 에워싸므로 성중이 크게 주려서 나귀 머리 하나에 은 팔십 세겔이요 비둘기 똥 사분의 일 갑에 은 다섯 세겔이라 하니(24-25).

보통 세겔은 4일 치 일당으로 봅니다. 즉 나귀 머리 하나 사는 데 80세겔(3,200만 원) 정도로 뛰었고, 비둘기 똥은 5세겔(200만 원)이 되어 버린 거죠. 엄청난 인플레이션이 일어나게 된 것입니다. 그런데 엘리사가 하나님이 함께하실 때 가격이 낮아질 거라는 이야기를 합니다.

엘리사가 이르되 여호와의 말씀을 들을지어다 여호와께서 이르시되 내일 이맘때 사마리아 성문에서 고운 밀가루 한 스아를 한 세겔로 매매하고 보리 두 스아를 한 세겔로 매매하리라 하셨느니라 백성들이 나가서 아람 사람의 진영을 노략한지라 이에 고운 밀가루 한 스아에

한 세겔이 되고 보리 두 스아가 한 세겔이 되니 여호와의 말씀과 같이 되었고(7:1, 16).

실제로 전쟁에서 승리하게 되면서 이 말씀이 성취되게 됩니다. 이 성경 본문에서 우리는 중요한 한 가지 경제적 통찰을 얻게 되는데, 하나님이 함께하시는 이 피조 세계에서 **사물의 가치는 주관적이고, 끊임없이 변한다**는 것입니다. 무슨 말일까요? 성경에 기록된 나귀 머리가 어떻게 만들어졌고, 어떻게 다듬어졌고, 원가가 얼마인가가 중요한 게 아니라, 이 물건을 필요로 하는 상대가 이 물건을 사고 싶어 하는지, 이 물건이 희소성이 있는지, 그 순간에 이 물건의 수요가 많은지에 따라서 가격이 정해진다는 말이지요.

'당근마켓'에 열광하는 이유

중고 물품을 거래하는 애플리케이션 중에 '당근마켓'이라는 것이 있습니다. 왜 우리는 당근마켓에 열광하는 것일까요? 내가 볼 땐 안 좋고, 쓸모없고, 지겨운 물품인데 상대방은 굳이 이것을 사겠다고 우리 집 앞까지 찾아오곤 합니다. 싸게 주셔서 감사하다는 인사까지 하면서 말이지요. 내가 필요 없는 이것을 그 사람은 왜 굳이 사려고 할까요? 자신이 사려고 하는 물건이, 자신이 가진 돈보다 더 가치 있어 보이기 때문입니다. 서로의 가치 평가가 다르다는 것이지요.

혹시 당근마켓을 거래하시면서 내 물건을 사려고 온 구매자에게 이렇게 말씀하신 적이 있나요? "저기요, 정말 한심하시네요. 이걸 가지고 뭘 하시려고요?" 우린 절대 이렇게 묻지 않습니다. 왜 그럴까요? 상대가 왜 그 가치를 높게 평가하는지 아닌지는 내가 신경 쓸 일이 아니기 때문입니다. 가치를 보는 눈이 모두 주관적이기 때문에 우리의 인생에는 기쁨과 다양성이 생깁니다.

노동가치설의 허상

그래서 성경은 마르크스(Marx)의 노동가치설을 지지하지 않습니다. 마르크스는 어떤 물건의 가치가 그 물건에 들어간 '노동'만큼 매겨져야 한다고 봤어요. 아닙니다. 그 가치는 사고자 하는 상대가 정하게 되는 것이지요.

노동을 중심으로 우리의 일상에서 가치를 생각해 봅시다. 손흥민보다 열심히 운동하는 축구선수가 있을까요? 없을까요? 저는 있을 것이라고 생각합니다. BTS보다 춤 연습을 열심히 하는 가수가 있을까요? 없을까요? 전 분명히 있을 것이라 생각합니다. 그러면 가장 열심히 축구 연습을 하고, 가장 열심히 춤 연습을 하는 사람이 가장 많은 돈을 벌어야 하는 것 아닐까요? 아닙니다. 노력에 따라 받지 않습니다. 그럼 무엇에 따라서 평가를 받나요? 상대의 평가입니다. 그것을 필요로 하는 수요자들이 평가합니다. 구단주와, 팬들과, 축구를 사랑하는 팬들이 판단합니다. 노력 여부에 따라서 평가되는 것이 아니라, 순간순간 그 가치가 달라지게 되는 것이지요.

그러므로 경제적 가치가 변한다는 것을 인정하는 것은 **각 사람이 하나님의 형상으로 존귀한 가치를 가지고 있다는 것을 부인한다는 말이 결코 아닙니다.** 오히려 사람은 하나님의 형상으로 존귀한 가치를 지닌다는 것을 인정하기 때문에, 그 사람이나 사물의 경제적인 가치를 인정하고 그 가치의 변화를 편하게 받아들일 수 있는 것이지요. 그 경제적 가치는 언제나 절대적인 가치가 될 수 없기 때문입니다. 유물론적 세계관을 받아들인다면, 경제적인 것이 절대적인 가치이기에, 경제적인 가치가 변해서는 절대 안 됩니다. 그러나 우리는 하나님 안에서 나의 가치를 생각하기 때문에, 오히려 역설적으로 경제적인 가치 변화를 상대적으로 받아들일 수 있는 것입니다. 경제적인 가치와, 하나님 앞에서의 절대적인 가치를 제이 리처즈는 이렇게 정리했습니다.

> '경제적' 가치는 주관적이라고 하는 것이 곧 '모든 것은 상대적이다'라는 말은 아니다. 우리는 '궁극의' 가치가 아니라 '경제적' 가치에 대해 말하는 것이기 때문이다. 하나님이 생각하는 나의 궁극의 가치는 이른바 나의 '경제적' 가치와는 아주 다르다. 우리의 진실한 가치는 지식이나 피부색, 멋진 차림새, 억센 힘, 주식시장에서의 성공 따위에 있지 않다. 한 사람을 다른 사람보다 더 가치 있게 만드는 권능을 가진 인간은 없다. … 그러므로 인도의 시골에 사는 장애 어린이는 수많은 일자리를 만들어 낸 빌 게이츠와 똑같은 가치를 지닌다.

그러나 빌 게이츠와 인도의 장애 어린이가 똑같은 경제적 가치를 갖지는 않는다. 사실 경제적인 면에서 대다수 어린이는 자산이라기보다는 부채이다. 경제학자 게리 베커(Gary Becker)는 어린이를 집에 비유하면서 "생산하고 유지하는 데 돈이 많이 들기 때문"이라고 했다. … 하지만 그래서 자신의 어린 딸이 가치가 없다고 결론을 내릴 멍청한 사람은 없을 것이다. 삶과 현실에는 경제학 말고도 많은 것이 있다.[1]

가치투자의 재정의

가치라는 것은 사람들 속에서 계속해서 변해가는 것이고, 절대적인 것이 없다는 것을 이해한다면, 주식 투자에서 아래의 대화를 이해할 수 있으리라고 생각합니다. 우리나라에 주식 투자로 잘 알려진 사람이 몇 분 계신데, 그중에 필명 '게임조아'라는 분이 계십니다. 이 분이 가치투자를 재정의한 이야기를 들어 보시지요. 한 투자자와 주린이(주식 초보 어린이)의 대화를 가져와 봤습니다.

게임조아(이하 '게'): 주식도 마찬가지야.
지난 달에 1천 원 하던 게 지금은 2천 원이야. 그런데도 산다.
왜 살까? 한 달만에 2배나 올랐는데…….
주린이(이하 '주'): 사려는 사람이 더 많으니까?

---
[1] 제이 리처즈, 『돈, 탐욕, 神』, p. 107-08.

게: 그러니까 왜 사려고 할까?

1천 원 하던 걸 2천 원에라도 사려고 하는 이유는?

주: 음… 더 오를 거라고 판단해서.

게: 맞아. 즉, 주식의 가격은 기업과 관계가 없어.

그런데도 가치투자니 뭐니 하는 애들은 주식의 가격을 기업의 가치가 어쩌고라고 말해. 주식의 가격은 기업과 물론 관계는 있지만, 실제로는 사람들의 욕심과 탐욕… 공포에 의해서 결정되는 거야.

주: 사람들의 심리군.

게: 즉, 주식에서의 숫자는 계산되는 게 아니야. 계산으로 될 거면 수학자나 서울대 나온 사람들이 다 벌지. 이제 본질을 알겠어? 세상 사람들의 90% 이상은 주가가 기업의 가치로 결정된다고만 믿어. 그건 그냥 허상이야… 그렇다면 저평가된 회사는 뭐야? 가치가 있는데 왜 주가가 저평가되지? 가치투자라는 것은 단순 괴리의 차를 노리는 투자일 뿐 가치와는 전혀 상관이 없어. 진정한 가치는 미래성이지. 즉, 주가는 사람들이 더 오르겠다고 생각하는 욕심이나 사람들이 더 내리겠다고 생각해서 매도해서 내리는 공포감… 이게 바로 주가를 결정해. 오케이? 이제 넌 진짜 주식을 알게 된 거야.

주: 오케이. 그럼 저평가니 뭐니 이런 건 그냥 사람들한테 아직 주목받지 못한 건가?

게: 아니. 그냥 그게 적정가야. 근데 괴리 투자자 중에 선동하는 애들, 자칭 가치투자자라고 하는 우두머리들이 주식 초짜들에게 이게 가치투자다

하면서 괴리투자를 선보여. 그럼 초짜들은 숫자를 보고 "어! 그렇네." 하면서 그 주식을 매수하게 되지. 왜? 오를 거 같으니까…
결국 가치투자 역시 인간의 욕심을 이용한 허상이야.[2]

이분은 우리가 평소에 말하는 가치투자의 방식 자체를 부정하는 것이 아닙니다. 가치투자라는 말만 듣고 그 가치투자의 본질이 무엇인지 투자자들이 이해하고 있지 못함을 지적하는 말이라고 보시면 됩니다. 왜 기업의 적정 가치가 있는데 저평가된 주식이 존재합니까? 사람들이 아직 가치를 부여하지 않고 있기 때문입니다. 그렇다면 왜 그 주식을 매입합니까? 앞으로 미래에 사람들이 그 주식에 가치를 부여할 것이라고 생각하기 때문입니다. 그러니까 사실 기업의 가치 때문에 투자하는 것이 아니라 '사람들이' 그 기업에 대해서 생각하는 가치가 높아질 것이라고 생각해서 투자한다는 말입니다. 사람들이 가치에 대해서 판단하는 생각이 바뀌는 그 괴리를 이용해서 수익을 창출한다는 말이지요.

 그러므로 이 땅을 살아갈 때 그리스도인들이 이해하고 받아들여야 할 핵심은 이것입니다. **이 땅의 모든 경제적 가치는 변하고, 그 변화를 자연스럽게 받아들여야 한다**는 것입니다.

---

2 게임조아와 지인의 카톡 내용 중 일부 발췌.

거래하는 그리스도인

가치의 변화를 이해할 때 그리스도인들은 이 땅에서 어떤 일들에 참여하게 될까요? 거래에 참여하게 됩니다. 누가복음 19장에서는 예수님이 자신을 귀인으로 비유하시고, 그리스도인들을 종으로 표현하면서 명령하시는 장면이 나옵니다. 예수님의 명령은 한 가지였습니다. 장사하라는 것입니다.

> 이르시되 어떤 귀인이 왕위를 받아가지고 오려고 먼 나라로 갈 때 그 종 열을 불러 은화 열 므나를 주며 이르되 내가 돌아올 때까지 장사하라 하니라(눅 19:12-13).
> (ESV) ⋯ Engage in business until I come.

'Engage in business.' 비즈니스에 참여하라는 명령입니다. 이 원어에는 '사업하다, 거래하다, 무역하다'라는 뜻이 있습니다. 하나님이 원하시는 것은 비즈니스에 참여하는 것이고, 그에 따른 결과를 보여 주고 있습니다. 원칙은 단순합니다. 이 땅을 살아갈 때 신자들은 가만히 있지 말고, 하나님은 주변 사람들과 내가 가진 것을 가지고 거래하며 무역하기를 원하신다는 것입니다.

거래는 좋은 일이다

서로 동일한 물건에 부여하는 주관적인 가치가 다르기 때문에 생겨나는 일이 '거래'입니다. 서로 물건을 바꾸는 일이 뭐가 좋은 일일까요? 실제로 거래가 많이 일어날수록 모두에게 행복하고 좋은 일이 벌어진다는 것을 보여 주는 실험이 있습니다.

유치원에서 아이들에게 가격대가 비슷한 장난감 여러 종류를 구매하여 하나씩 선물로 주었습니다. 그리고 지금 받은 것으로 인해 얼마나 기분이 좋은지 1~10점까지 점수를 매기라고 했습니다. 아이들 모두 3점, 4점, 7점 이런 식으로 제각각 만족의 정도를 표현했습니다. 그리고 시간을 준 후, 친구들과 거래를 하도록 만들었습니다. "자유롭게 친구들과 물건을 바꾸어 보세요!" 아무에게도 억지로 바꾸라고 하지는 않았습니다.

10분이 지난 후, "자 이제 그만! 모여 보세요." 다시 아이들을 모으고 물어봤습니다. 친구들과 자유롭게 교환한 후에, 지금 자신이 가지고 있는 물건의 가치를 다시 점수 매겨 보라고 했습니다. 결과가 어땠을까요? 모두가 기존에 가지고 있던 물건보다 현재 가지고 있던 물건에 점수를 더 주었습니다. 전체 점수도 더 올라갔습니다. 전체 물건의 품질은 바뀐 것이 없는데 왜 사람들은 더 행복해할까요? 말씀드렸지요? 물건에 부여하는 가치는 모두 주관적이라고요! 이 실험은 제이 리처즈 교수가 쓴 『돈, 탐욕, 神』이라는 책에 나오는 이야기인데, 그 설명을 이어서 들어 보세요.

거의 모든 아이들이 처음 받았던 것보다 더 마음에 드는 장난감을 갖게 되었다. 어떤 아이의 점수도 내려가진 않았다. 처음부터 자기가 정말로 좋아하는 장난감을 받은 아이들의 점수만 변화가 없었다. … 아이들은 그것들을 서로 자유롭게 교환했을 뿐이다. 그런데도 총 점수는 올라갔다.[3]

인간만이 거래할 수 있습니다. 사고파는 것은 하나님이 이 땅의 행복을 증진하시기 위해 인간에게 주신 도구 중의 하나입니다. 거래는 하나님의 선물입니다. 교회를 다니는 분들은 다 아실 것입니다. 교회에서 바자회 하는 날만큼 분위기가 좋은 날이 없습니다. 원숭이들이 모여서 바자회 여는 것 보셨습니까? 코끼리들이 모여서 바나나 할인 행사 하는 것 보셨습니까? 거래는 오직 하나님께서 인간에게 주신 선물입니다.

거래하면 이익이 생깁니다

거래가 일어나면 자연스럽게 생기는 일이 있습니다. 이익이 발생하는 것입니다. 우리는 그리스도인으로서 주님께 거저 받은 존재이기 때문에, 내가 무언가 이익을 얻으면 죄책감을 느낍니다. 이익만 생기면 '난 탐욕스러운 일을 하고 있나?' 생각이 들기도 합니다. 그렇지 않습니다. 거래가 억지로 일어나지 않는 한, 거래가 일어나고 이익이 생겼다는 말은 상대도 좋아했다는 말과 똑같습니다.

---

[3] 제이 리처즈, 『돈, 탐욕, 神』(도서출판 따님, 2015), p. 97.

이익 자체가 상대에게 기쁨이고, 하나님에게도 영광입니다. 내가 가진 것을 가지고 거래하는 인생을 사는 것 자체가 사회에 참여하는 것이고, 하나님이 원하시는 일입니다. 그러니까 내가 가진 가치를 가지고 사회에 들어가 보세요. 무슨 일이라도 거래를 한번 시도해 보세요. 그 거래의 의미를 처음부터 찾지 않아도 됩니다. 거래 자체가 하나님이 만드신 세계를 풍요롭게 만드는 일입니다.

내가 어떤 회사에서 급여를 받는 것도 마찬가지입니다. 누군가가 여러분에게 합당한 돈을 준다면, 여러분이 하는 일이 아무리 작은 것일지라도 여러분은 하나님의 영광을 위해서 일한 것이 됩니다. 왜 그럴까요? 나의 일을 통해서 그가 가진 돈과 거래했기 때문입니다. 그리고 나의 일이 상대에게 기쁨과 유익을 주었기 때문입니다. 그 사람은 자신이 원래 가지고 있던 급여만큼의 돈을 자신이 계속 소유하고 있는 것보다, 나에게 주어서 돈을 잃더라도 내가 가진 재능과 업무 능력을 누리고 싶었던 것입니다.

이 세상 어떤 사람도 여러분이 상대에게 기쁨과 유익을 주지 않는데 돈을 주지 않습니다. 물론 내가 받고 싶은 돈을 충분히 받지 못해서 아쉬워하고, 내가 원하는 일을 하지 못하는 일이 벌어질 수는 있습니다. 그러나 이것은 안타까운 일이지 절대 악이나 사기는 아닙니다. 이익을 남기는 것을 죄악시하는 것은 잘못된 것입니다. 그리스도인들은 내가 가진 모든 것을 활용해 거래하고, 이익을 얻기 위해 성실히 살아가는 존재입니다. 왜 그렇습니까? 거래하며 이익을 남기는 것이 동일하게 상대에게도 유익을 주기 때문입니다. 이것이 거래의 본질입니다.

이익의 확장

이익을 추구하는 것이 선하다고 했는데, 내가 이익을 더 많이 추구한다면 상대의 이익을 빼앗게 되는 것이 아닐까요? 나는 갈수록 좋아지고, 상대의 형편은 나빠지는 나쁜 사회가 되는 것 아닐까요? 그렇지 않습니다. 하나님께서는 내 삶의 이익이 커질수록, 이 사회와 이웃의 기쁨도 커지도록 창조하셨습니다. 두 가지 방법을 통해 그 일이 가능하도록 하셨습니다. 첫째로는 (1) 창조이고, 둘째로는 (2) 호혜(상호 수혜)의 원칙을 통해서 그 일이 벌어집니다.

(1) 창조

우리는 보통 내가 이익을 추구하면 상대의 이익이 줄어들거나, 상대의 이익을 빼앗는다는 생각만 하게 됩니다. 이 모든 것에는 하나님의 세계관, 창조의 세계관을 거부하는 유물론적인 전제가 있습니다. 그 전제는 다음과 같습니다.

부는 만들어지지 않으며, 옮겨질 뿐이라고 믿는다.[4]

---

[4] 같은 책, p. 145.

누군가가 돈을 따면, 누군가 분명히 잃게 되는 시장으로 바라보는 것입니다. 그런 시장이 진짜 있습니다. 어떤 시장일까요? 도박시장입니다. 도박은 판돈이 정해져 있습니다. 그러나 이 세상은 도박시장이 아닙니다. 이 땅에서 하나님이 나를 포함한 모두가 이익과 기쁨을 함께 누리게 하시는 방법이 있습니다. 창조를 통해서입니다. 부는 제한적인 파이가 결코 아닙니다. 끊임없는 기회가 계속 생기는 세계입니다.

태초에 하나님이 천지를 창조하시니라 하나님이 자기 형상 곧 하나님의 형상대로 사람을 창조하시되 남자와 여자를 창조하시고(창 1:1, 27).

인간 자체가 하나님을 발현하고 있다는 말입니다. 인간을 보면 하나님을 보게 된다는 뜻입니다. 특히 하나님을 닮은 속성 중의 한 가지가 창조입니다. 새로운 그림을 그리는 것, 새로운 제품을 만드는 것, 새로운 거래 방식을 생각하는 것 모두 하나님을 닮은 일입니다. 새로운 것은 하나님의 것이지요. 제이 리처즈의 말을 계속 들어 보세요.

창조자인 우리는 우리가 계속하여 새로운 부를 만들어 낼 수 있을 것이라고 믿을 만한 충분한 이유가 있다. 왜냐하면 일반적인 생각과는 달리, 새로운 부는 물질에서만 나오는 게 아니라 우리가 물질을 어떻게 생각하고 특징짓

고 변형시키느냐에 따라 얼마든지 만들어질 수 있기 때문이다.[5]

내가 돈을 번 것은 남이 벌 수 있는 돈을 빼앗아 온 것일 뿐일까요? 부자에게만 적용하지 말고 나 자신에게 먼저 적용해 보세요. 내가 돈을 버는 것 때문에 다른 사람이 내 일자리에 올 수 없으니, 나는 잘못된 일을 하고 있는 것인가요? 그렇게 바라보는 순간 여러분은 모두 사실상 범죄자와 탐욕가, 욕심쟁이가 됩니다. 그 자리에 더 가난하고 더 어려운 다른 사람이 일하게 하고 여러분이 굶는 것이 더 선한 일 아닐까요? 결코 그렇지 않습니다. 내가 여러 가지 이익을 추구하는 일은 끊임없는 창조의 행위가 되기 때문입니다.

설교도 창조

저는 설교자입니다. 저는 설교도 창조라고 생각합니다. 제가 만약 이렇게 말한다고 생각해 보세요. "아휴, 정말. 한국교회에는 설교자가 너무 많아서 제가 설 곳이 없네요. 설교자가 이렇게 많으니까 제 진로를 펼쳐 나갈 수가 없어요." 제가 설 곳이 없다고 하며 맨날 핑계를 대고 있다면, 성도님들이 저한테 뭐라고 말씀하실까요?

더 나아가 제가 이렇게 말한다고 생각해 봅시다. "성도님들, 한국교회가 이래서는 안 됩니다. 설교를 잘하는 사람들이 모두 교인들

---

5 같은 책, p. 158.

을 빼앗아 가고 있어요. 여러분들 그런 식으로 교회 옮기시면 안 됩니다. 이제부터 '교회 지정제'를 시행하겠습니다. 앞으로 우리 교회에 오신 분들은 다른 교회로 절대 못 갑니다. 제가 설 곳을 보장받아야만 합니다!" 여러분은 속으로 "목사님이 성실하게 목회하고 설교 잘하시면 성도들이 온 사방에서 몰려올걸요!"라고 저의 태도를 비난하실 것입니다.

'성도는 만들어지지 않으며, 옮겨질 뿐이라고 믿는다.' 과연 그럴까요? 저는 이 사실을 믿지 않습니다. 성도가 창조된다고 믿습니다. 새롭게 예비하신 영혼들을 보내 주실 것이라고 믿습니다. 그게 전도 아닙니까? 맨날 수평 이동만 비난하고 있어야 되겠습니까?

하나님 나라는 우리에게 창조의 세계관을 장착시킵니다. 여러분의 모든 사업도 마찬가지입니다. 내가 일할 때, 언제나 창조적인 일들이 만들어질 것이라고 기대하고 믿어야 합니다.

실물경기가 안 좋아져도

주식시장을 비판하시는 분들 중에서, 실물경제와 비교하며 말씀하는 분들이 있습니다. "어떻게 세상이 정해져 있고 멈춰져 있는데, 주식시장이 계속 팽창할 수 있나요? 그건 사기인 시장입니다."라고 말하는 사람들이 있습니다. 아닙니다. 주식시장은 실제로 끊임없이 창조되고 팽창되고 있습니다. 한 투자자의 이야기를 들어 보세요.

자꾸 실물경제가 안 좋아졌는데 주식시장이 오르는 건 비정상이라고 하는 사람들이 많다. 항공사나 여행사처럼 망해가는 회사들이 있다면 진단키트나 언택트 사업으로 대박이 나는 회사들도 또 그만큼 많다. 다만 전자의 회사들은 고용이 더 많았다는 것, 후자는 독식을 하고 또 소수의 인원이라는 것. 과거에는 1억씩 가진 사람이 100명이었다면 지금은 100억 가진 사람이 3명이 된 거다. 돈이 더 풀렸으니까. 100억이 300억이 됐으니 더 시장은 팽창할 수밖에……[6]

이 세상은 절대 막혀 있지 않습니다. 유물론적 세계관을 버리고, 창조의 교리를 선용하시기 바랍니다. 그러면 이 땅에 하나님이 내게 주신 환경과 은사가 불만이 아니라 투자 기회로 다시 보이기 시작하실 것입니다.

(2) 호혜

하나님은 내 인생의 이익이 호혜(상호 수혜)의 원칙에 따라 확장되게 만드셨습니다. 대부분 이익을 추구하는 것에 대해서 비판적으로 생각하시는 분들이 빈부 격차를 많이 말씀하십니다. 많은 사람이 돈을 버는데 그만큼 가난한 사람들도 존재하고, 상대적인 격차가 많이 벌어지는 모습이 바람직하지 않게 보인다는 것입니다.

---

6   게임조아

만약에 많은 사람이 이익 추구는 선한 것이라는 말을 듣고 "나만 돈 벌어야지! 나만 수익을 다 가져가야지."라고 생각한다면 결국 성경은 탐욕을 용인하게 되는 것이 아니냐는 질문입니다. 그렇지 않습니다. 성경이 말하는 이익 추구를 잘 정의해야 합니다. 성경은 신자가 추구해야 할 이익은 상호이익, 즉 자신의 이익이 곧 남의 이익도 되어야 함을 말하고 있습니다.

그러므로 무엇이든지 남에게 대접을 받고자 하는 대로 너희도 남을 대접하라 이것이 율법이요 선지자니라(마 7:12)
(ESV) So whatever you wish that others would do to you, do also to them.

나에 대한 관심, 자기 이익 추구를 비도덕적이라고 말하는 게 아닙니다. 다만 내가 이런 이익을 얻었으면 좋겠다고 생각하는 그것을 상대에게도 똑같이 적용해야 한다는 말입니다. 즉, 서로가 이익이 되는 구조를 만들어 내는 것이 그리스도인의 사명입니다.

돈 버는 사람들은 다 탐욕적인 사람들인가요? 그렇지 않습니다. 이 세상은 탐욕으로 이끌려져 가지 않고 호혜로 이끌려져 가야 합니다. 이것이 그리스도인의 영적인 싸움입니다. 내가 이익을 추구하는 것이 상대에게도 도움이 되는지 이것을 확인하면서 가야 합니다.

돈을 받지 않는 사장님

많은 분들이 자기 이익을 구하는 행위를 비난하며(사실은 자신도 자기의 이익을 추구하고 있으면서) 고린도전서 13장의 사랑을 인용합니다.

사랑은 … 자기의 유익을 구하지 아니하며(고전 13:5).

이 구절은 그가 기뻐하는 것 자체가 나에게 이익이 되기 때문에 내가 이익을 구하지 않아도 기쁠 수 있다는 말이지, 내가 파괴되고 불행해져도 상대만 잘되게 만들라는 요구가 아닙니다. 이 세상에 나의 정당한 이익 추구 없이 지속 가능한 기쁨은 아무것도 없습니다.

쉽게 예를 들어 보겠습니다. 우리 교회에는 파스타 가게를 운영하는 신실한 형제님이 계십니다. 제가 가게에 가서 파스타를 먹고 계산하려고 하니 "아이고, 목사님이 오셨군요! 맛있게 드시고, 그냥 가세요! 돈은 받지 않겠습니다. 목사님이 말씀하셨잖아요. 상대의 유익을 구하고, 나의 이익을 구하지 말라고요." 이렇게 말했다고 생각해 봅시다.

저는 너무 기쁘고 즐거웠습니다. 제가 돈을 내지 않았으니까요! 그렇게 몇 번 파스타를 얻어먹은 지 시간이 조금 지나고, 다시 파스타가 생각나서 그 가게를 찾아갔습니다. 그런데 그 형제가 제게 이렇게 말합니다. "목사님, 죄송합니다. 이제 제가 재료 살 돈이 없네요." 제가 너무 놀라서 영문을 물었더니, 오는 사람마다 불쌍해 보이면 음식을 공짜로 줘서 이제 더 이상 가게를 지속할 여력이 안 된다고 합니다. 그게 무슨 말이냐고, 제가 재료 살 돈을 줄 테니 사 오라고 말하니까 이렇게 다시 말합니다. "아닙니다, 목사님. 그건 제 이익 추구입니다. 저는 자기 이익을 구하지 않겠습니다."

여기서 왜 문제가 발생할까요? 자기의 유익을 구하지 않는다는 말을 단편적으로 이해했기 때문입니다. 질문을 드리겠습니다. 여기서 자기의 유익을 구하는 사람은 누구입니까? 목사입니다. 사실 저는 파스타를 먹으면서 저의 유익만을 구하고 있었던 것입니다! 저 말씀을 제게 적용한다면 어떻게 해야 할까요? 혼자서 파스타를 먹었지만, 먹으면서 **나에게 음식을 만들어준 그의 유익도 구했어야** 했던 것입니다.

소비자가 그의 유익을 구하는 방식은 무엇입니까? 판매자에게 값을 지불하는 것입니다. 판매자가 그 유익을 누리려면 어떻게 합니까? 주는 돈을 받아야 합니다. 보이십니까? 성경에서 유익을 구하는 구절을 종합하면 그 결론적인 적용은 언제나 상호이익, 즉 호혜가 되게 되어 있습니다.

맞습니다. 성경에서 자기의 유익을 구하지 말라고 했습니다. 그러나 그것은 **상호적으로 적용되어야** 합니다. 내가 그의 유익을 구하는 만큼, 그도 나의 유익을 구하기 위해 일하는 것입니다. 결론적으로 상호 모두 기쁨이 있어야 합니다. 만약 파스타집 사장님이 곧 가게 문을 닫게 되었다면, 그건 제가 바라던 일이 아닙니다. 그것이 제게 이익이 되지 않습니다. 그 사업장이 계속 존재하려면 그도 이익을 얻어야 합니다. 파스타 가게 사장님이 위와 같은 방식으로 존재하는 것 자체가 나와 상대 모두에게 유익이 되지 않는 일인 것입니다.

정당한 이익을 구할수록

부자들이 가난한 사람들을 더 가난하게 만들까요? 그렇게 생각하는 것 자체가 유물론적 세계관에 사로잡혀 있는 것입니다. 정당한 이익을 많이 구할수록, 상대에게 기쁨을 더 많이 준다는 통계가 있습니다.

세계에서 네 번째로 자유로운 경제인 미국이 자선기부금으로 따질 때, 가장 너그러운 사회인 것으로 밝혀졌다. 미국인들은 국내총생산의 1.6%를 자선으로 기부하는데, 이는 두 번째인 영국(0.73%)과 캐나다(0.72%)의 두 배가 넘는다. … 이 연구에서는 과세와 기부가 역상관관계인 것으로 밝혀졌다. 정부가 더 많이 거둬들일수록 국민은 더 적게 기부한다는 뜻이다.

이에 반해 경제가 자유로울수록 국민은 더 많이 기부한다. … 가난한 국민은 기부할 마음을 먹기가 힘들다. 누구든 굶주림을 겪으면서 너그럽기는 어렵다. 반면에 부유하다면 너그러워지기 쉽다. 하지만 정부가 가난한 이들을 돕는 데 쓰겠다면서 당신의 부를 빼앗는다면, 당신은 분개할 뿐만 아니라

자신은 이미 충분히 기부했다는 착각에 빠질 것이다.[7]

가장 부자 나라인데 가장 너그럽습니다. 이게 말이 됩니까? 네, 통계는 그렇게 말하고 있습니다. 왜 그럴까요? 하나님이 창조하신 세계는 상호 이익의 구조로 이루어져 있기 때문입니다.

국가는 왜 실패하는가

『국가는 왜 실패하는가』라는 책이 있습니다. 좋은 자원을 가지고도 망하는 나라가 있는 반면, 잘 될 요소가 없는데도 잘되고 번영하는 나라의 특징이 무엇인지를 추적한 책입니다. 그 결론은 '포용적인 사회'였습니다. 누구나 실력을 인정받을 수 있고, 잘될 수 있어야 한다는 것입니다. 소수의 엘리트 계층이 기회를 독식하는 것이 나라가 망하는 지름길이라는 것입니다.

책에서는 에스파냐(스페인)와 잉글랜드의 식민지 개척 전략을 소개합니다. 에스파냐는 남아메리카의 지도자를 인질로 잡고, 기존에 시행되던 공물 강제노역을 그대로 손에 넣고, 수탈을 위한 모든 제도를 만들었다고 합니다. 결국 원주민의 삶을 최저 생계까지 끌어내리고, 땅은 모두 몰수됩니다. 잘 될 줄 알았습니다. 정복자들, 후손들 모두 다 부를 누렸습니다. 하지만 남아메리카 전체가 어떻게 되었습

---

7 제이 리처즈, 『돈, 탐욕, 神』, p. 190-91.

니까? 잠재력을 송두리째 빼앗기게 됩니다.

그 후 100년이 지나서 잉글랜드가 북아메리카 식민지화에 나섭니다. 이 땅이 매력적이어서가 아니라, 남은 곳이 여기밖에 없어서 간 것입니다. 잉글랜드는 남아메리카를 점령했던 에스파냐를 벤치마킹했습니다. 사람들을 인질로 잡고, 가진 모든 것을 내놓으라고 했습니다. 그런데 남아메리카와 차이가 있었습니다. 북아메리카에는 은금도 없고, 식량도 없고, 숨겨 놓은 줄 알았는데 줄 것이 정말 없었던 것입니다. "내놔!" 하니까 "진짜 없는데요!" 한 것입니다. 어쩔 수 없이 잉글랜드는 초기 식민지 모형을 버리고 전략을 수정합니다. 인디언을 착취하는 것이 아니라, 개척민들에게 인센티브를 주기 시작합니다.

에스파냐가 멕시코와 중남아메리카 대륙에서 성과를 거둔 전략이 북아메리카에서는 통하지 않는다는 첫 번째 교훈을 얻는 데 12년이나 걸린 꼴이었다. 이후 17세기 내내 두 번째 교훈을 두고 투쟁의 역사가 계속되었다. 경제적으로 성장 가능한 식민지를 건설하는 유일한 대안은 개척민이 투자를 하고 땀 흘려 일할 의욕이 생길 만한 인센티브를 주는 제도를 만들어야 한다는 것이었다.
북아메리카를 개척하면서 잉글랜드 지도층은 에스파냐가 그랬던 것처럼 걸핏하면 식민지의 소수 엘리트층을 제외한 나머지 개척민의 정치·경제적 권리를 극도로 제한하는 제도를 수립하려 들었다. 하

지만 버지니아 사례에서 보듯 그런 모형은 번번이 무너져 내렸다.[8]

결론은 무엇입니까? 사회 구성원 모두가 자유롭게 거래하게 만들고, 정당한 이익을 구할 수 있는 기회를 제공할수록, 국가의 부가 늘어나게 된다는 단순한 원리를 보여 주고 있습니다.

이익의 초월

그럼 하나님은 왜 우리에게 이렇게 경제적인 가치 속에서 힘들어하며 살게 하셨을까요? 우리가 경제적인 가치 속에 사는 데에는 오히려 역설적인 이유가 있습니다. **경제적 가치에만 그치지 않고, 가장 비싼 가치, 가장 이익이 되는 가치를 드러내게 하시기 위해** 이 땅에 살게 하신 것입니다.

신앙이 없는 사람들은 경제적인 가치가 내 인생의 전부입니다. 자본주의 세계 속에 살면서 나는 경제적으로 돈을 못 버는 존재이니까 가치 없는 존재라고 생각하며 지쳐갑니다. 그러나 주님은 변화되는 가치 속에 사람을 두시면서 역설적으로 변하지 않는 가치를 사모하게 만드십니다. 나는 매일 변해가는 가치 속에 지쳐 있었으나 주님은 이 삶을 통해 진정한 내 삶의 가치를 깨닫게 하십니다. 변하지 않는 가치가 이 땅에 없습니다. 다 변합니다. 바로 그것입니다. 주님은

---

8 대런 애쓰모글루·제임스 A. 로빈슨, 『국가는 왜 실패하는가』(시공사, 2012), p. 52.

그것을 깨닫게 하시기 위해 이 땅에서 우리를 살게 하시는 것입니다.

아직도 나는 나의 이익을 지킬 수 있고, 내 명예, 내 권력, 내 투자금, 나의 사업의 운명을 쥐고 있다고 생각하십니까? 그 생각이 깨지는 유일한 길은 가치가 변화되는 것뿐입니다. 상대적인 것을 경험할 때, 오히려 절대적 가치의 필요를 깨닫게 됩니다.

결코 지지 않는 거래

하나님은 결코 지는 거래를 하지 않으시는 분이십니다. 저와 여러분의 삶은 경제적으로 하나님께 효과를 낼 수 없는 죄인이었습니다. 그런데 이상합니다. 하나님의 사랑은 자신의 아들과 우리를 교환하셨습니다. 죄인과 아들의 '거래'가 이루어진 것입니다. 왜 그럴까요? 우리를 살리는 것 자체가 하나님과 우리에게 상호 이익이 되는 결정이라고 생각하셨기 때문입니다. 죄인이 살아나는 것이 도대체 하나님께 무슨 이익이 될까요? 맞습니다. 하나님이 우리를 사랑하신다는 것밖에는 해석의 여지가 없습니다. 하나님이 나를 너무 사랑하셔서 내가 고통받기를 원하지 않으시기에, 하나님이 나를 너무 존귀히 여기셔서 내가 멸망하기를 원하지 않으셨다는 것 외에는 이 거래의 이유가 없습니다. 주님은 이 땅에 경제적인 방식을 사용하셔서 사랑의 가치를 드러내셨습니다. 예수님은 하나님 아버지의 나를 향한 사랑을 경제적으로 표현해 주셨습니다.

내가 예수를 너희에게 넘겨주리니 얼마나 주려느냐 하니 그들이 은 삼십을 달아 주거늘(마 26:15).

가룟 유다는 경제적 가치를 하나님보다 높이 두고 거래했습니다. 그러나 예수님은 돈에 종속된 거래임에도 그것을 거부하지 않으시고, 오히려 경제적으로 다가오는 유다의 거래를 통해 절대적인 십자가의 가치를 드러내고자 하셨습니다. 역으로 그 거래를 사용하시며 결코 밑지는 거래라고 생각하지 않으셨습니다. 이 거래를 통해서 예수님은 다시 부활로 살아나실 뿐만 아니라, 하나님을 떠난 죄인도 다시 영생을 얻을 수 있는 영적인 가치를 창조해 내는 것이라고 생각하셨기 때문입니다.

이 거래 때문에

이 거래 때문에 내 인생이 영원히 살만한 가치가 보장된 인생임을 깨달았다면, 예수님 안에서 내 인생도 달라져야 합니다. 이 땅에서 남들은 내 인생이 가치 없다고 평가하지만, 주님은 내 삶을 살릴 가치가 있다고 평가하셨습니다. 이 땅의 가치가 주관적인 것이라면, 나는 이제 주변에서 평가하거나, 혹은 스스로 내가 내 삶을 바라보는 가치를 절대적인 평가로 여기면 안 됩니다. 아들을 죽일 정도로 내 삶을 가치 있게 여기시는 그분의 사랑을 따라, 끝까지 그분이 원하시는 일을 행해야겠다는 다짐을 할 수 있는 것입니다. 이것이 바로 가치의 혁신입니다.

  내 삶의 경제적인 문제들도 마찬가지입니다. 예수님이 경제적인 거래에 팔리셨듯, 내 삶에도 여전히 경제적인 일들이 벌어질 것입니다. 그러나 예수님이 경제적인 일을 통해 영적인 일을 행하신 것처럼, 내 삶에 벌어지는 모든 경제적인 문제도 저주가 아닙니다. 영적인 가치를 만들어 내는 과정이 될 것입니다. 하나님은 내 삶의 모든 경제적인 일들을 사용하셔서 하나님의 새로운 일을 창조해 나가실 것입니다. 우리는 그것을 확신할 수 있는 것입니다. 평생의 거래 속에 내게 삶을 맡기신 주인 앞에서, 지지 않는 거래를 하신 하나님을 신뢰하며, 그 뜻대로 이익을 추구하는 여러분들 되시기를 기도합니다.

사랑은 … 자기의 유익을 구하지 아니하며(고전 13:5).

크리스천의 투자노트

1. **경제적 가치는 변한다.**

   이 땅의 재화의 경제적 가치는 수요와 공급, 사람들의 평가에 따라 자유자재로 변한다. 크리스천은 하나님 안에서 나의 가치를 생각하기 때문에 경제적인 가치 변화를 상대적으로 받아들일 수 있다.

2. **거래는 선한 일이다: (1) 이익 (2) 호혜**

   거래하는 순간 거래 당사자 모두가 이익을 얻었다는 뜻이다. 거래는 선한 일이다. 성경이 말하는 이익 추구는 상호 수혜의 원리에 기반하고 있다.

3. **경제적으로 거래 당하신 예수님**

   가장 가치 있는 분이 은 삼십에 팔리셨다. 거래를 통해 몸이 팔리신 그분이 나를 구원하셨다. 내 모든 경제적 거래 속에 예수님이 함께하실 것이다.

Part 2

하나님의 투자 수업
실전편

5. 무엇을 먼저 소유해야 할까

창세기 23:1-20

소유가 어려워지는 시대

우리는 갈수록 무엇인가를 소유하기 어려워지는 시대에 살아가고 있습니다. 이제 '공유 경제', '구독 경제'라는 말이 일상적으로 사용됩니다. 사무실을 뭐 하러 소유합니까? 임대하면 됩니다. 차를 왜 삽니까? 빌려서 타면 됩니다. 정수기를 왜 삽니까? 렌트하면 됩니다. 집을 왜 삽니까? 그냥 행복주택에 살면 됩니다. 이제 소유보다 공유 혹은 대여가 훨씬 더 일상적인 시대가 되었습니다. 그러면서, 무엇인가를 소유하려는 것은 다 탐욕이자 어리석은 것처럼 여기는 분위기도 생겨나는 것 같습니다.

기다리기 = 월세 지불하기

제가 교회를 개척할 때, 30년 전부터 개척을 하셔서 훌륭하게 교회를 일궈 오신 많은 목사님들의 세미나를 들었습니다. 저는 하나라도 더 배워 보려 말씀을 열심히 들었는데, 공통점이 있었습니다. '버티면' 살아남을 수 있다는 것이었습니다. 주님이 언제 영혼을 보내 주실지 모르기 때문에 기도하며 계속 기다려야 한다는 것이죠. 그분들은 수십 년간 버티면서 교회를 일구신 분들이었습니다. 거룩한 열정과 기다림에 감탄해서 저도 그렇게 되고 싶었습니다. 버티는 노하우를 얻고자 그분들이 어떻게 하셨는지를 알아보고 숨겨진 비밀을 깨닫고자 했습니다.

저는 그 목사님들이 믿음이 좋아서 버티신 줄 알았습니다. 아니었습니다. 기도를 많이 했기 때문에 버티신 줄 알았습니다. 아니었습니다. 그분들과 제가 처한 현실 중에서 극명하게 다른 것 한 가지가 있었습니다. 그분들은 '버틸 땅'이 있으신 분들이었습니다.

그때는 널린 것이 땅이었습니다. 내 집이 있었고, 허허벌판 땅이 있었습니다. 거기에 집 짓고 교회 짓고 살면서 그냥 계속 버텼습니다. 그분들은 어떻게 지금까지 버틸 수 있었냐고요? 땅이 내 소유였기 때문에 버틴 것입니다!

저는 그분들의 방식이 제게 적용될 수 없겠구나, 하고 생각했습니다. 저에게 기다린다는 말은 이제 다른 뜻이었기 때문입니다. '기다리기'는 곧 '월세 지불하기'라는 말이었습니다. 기다리려면, 월세를 계속 낼 수 있어야 합니다. 즉, 내가 무언가를 시작할 때 소유하고 있는 기반이 없으면, 그만큼 긴 시간 동안 열매를 거두기 어렵다는 말이 됩니다.

아브라함의 부동산 매매

소유는 나쁜 일일까요? 창세기에는 아브라함의 최초의 '부동산 매매' 행위가 기록되어 있습니다. 아브라함은 아내 사라가 죽고 나서, 매장할 땅을 찾아다닙니다. 아브라함이 땅의 소유자였던 헷 족속 사람에게 땅을 좀 사겠다고 했더니, 헷 족속이 아브라함을 좋아했는지 그냥 쓰라고 말합니다.

> 헷 족속이 아브라함에게 대답하여 이르되 내 주여 들으소서 당신은 우리 가운데 있는 하나님이 세우신 지도자이시니 우리 묘실 중에서 좋은 것을 택하여 당신의 죽은 자를 장사하소서 우리 중에서 자기 묘실에 당신의 죽은 자 장사함을 금할 자가 없으리이다(5-6).

그러면서 약 20절에 걸쳐서 헷 족속와 아브라함의 쓸모없어 보이는 대화가 이어집니다. 헷 족속은 땅을 그냥 쓰라고 하는데, 아브라함은 계속 자기가 시세대로 돈을 주고 사겠다고 말합니다.

아브라함이 에브론의 말을 따라 에브론이 헷 족속이 듣는 데서 말한

대로 상인이 통용하는 은 사백 세겔을 달아 에브론에게 주었더니(16).

결국 아브라함은 공짜로 땅을 주겠다는 말도 거절하고 돈을 주고 땅을 삽니다. 왜 그랬을까요? 아브라함은 하나님께 약속을 받았는데, 크게 두 가지였습니다. 하나는 땅을 주시겠다는 것이었고, 또 하나는 자손을 별과 같이 많게 하시겠다는 것이었습니다.

아브라함은 사라가 죽은 일이 자신의 삶의 실패일 뿐이라고 생각했습니다. 그런데 울다가 번뜩 생각이 납니다. "이 아내를 어디에 매장해야 할까? 매장할 땅을 어디서 구하지? 이럴 수가! 혹시 하나님이 아내의 죽음을 통해 내게 땅을 주시겠다는 약속의 실행을 시작하시려는 것은 아닐까? 혹시 아내의 매장지를 소유하면서부터 그 약속이 시작되는 것은 아닐까? 하나님이 땅을 주시겠다고 한다면, 이 문제는 그냥 남에게 땅을 빌려서 처리할 일이 아니다. 확실하게 이 땅을 사두어야겠다!" 이렇게 생각한 것입니다.

빅터 해밀턴이라는 창세기 주석학자의 말을 들어 보세요.

밭과 굴은 아브라함이 실제로 소유한 유일한 재산이다. 아브라함이나 아브라함과 그의 후손에게 … 주어진 땅에 대한 모든 약속은, 드라마틱해 보이진 않아도 바로 여기에서 시작한다. 아브라함의 자손은 많은 양의 은 세겔을 낸다고 해서 소유하는 게 아니라 여호와와 그의

명령에 순종함으로써 땅을 소유하게 될 것이다.[1]

아브라함에게 주신 하나님의 크신 약속은 어디서부터 시작되었다는 말입니까? 맞습니다. 아브라함이 작은 소유를 갖기 시작한 때부터 이루어진 것입니다.

작은 소유의 시작

물론 이 본문을 단순히 부동산을 사라는 본문으로 적용하면 곤란합니다. 우리에게 어떻게 적용할 수 있을까요? 성경적인 나의 소유는 이렇게 다시 정의할 수 있습니다. 하나님은 우리의 삶 속에서 '하나님이 내게 주신 것'이라고 느끼게 하시는 영역이 있습니다. 그것이 바로 나의 첫 번째 소유가 됩니다. 남들은 모릅니다.

그런데 나만 경험적으로 알게 되는 확신이 있습니다. "이 집은 정말 하나님이 인도하신 집이야.", "이 직장은 하나님이 내게 주신 직장이야.", "이 학교는 하나님께서 이끄셨다는 게 확실하게 느껴져." 라는 인도하심들이 있습니다. 아브라함은 사라의 죽음을 통해서 그것을 깨달았고, 우리도 순간순간 삶 속에서 하나님이 내게 "이것은 네 것이다."라고 말씀하시며 소유를 확정해 주시는 확신이 들 때가 있습니다. 믿음의 사람들은 그 작은 확신을 붙들고 나아가야 합니

---

1   빅터 해밀턴, 『NICOT 창세기 II』(부흥과개혁사, 2018), p. 176.

다. 하나님은 언제나 내가 소유한 것으로부터 나의 미래를 열어 가십니다.

우리는 세상적으로 생각할 때 돈이 많아야 소유할 수 있을 것이라고 생각합니다. 결코 그렇지 않습니다. 아브라함은 땅을 받겠다는 약속과 사라의 죽음이라는 삶의 현실이 서로 부딪쳤습니다. 그리고 추론을 통해 그 땅이 내게 주신 땅이라는 확신을 얻게 되었습니다. 우리도 마찬가지입니다. 돈이 많은 사람만 소유할 수 있는 것이 아닙니다. 하나님은 하나님의 약속과 하나님께서 이끄시는 내 삶의 현실이 충돌하면서 '하나님이 내게 주신 것'이라는 소유의 확신을 얻게 하십니다.

'서울대입구'는 나의 것이다

제가 처음에 교회를 개척할 때 개척할 만한 자리를 많이 알아봤지 않겠습니까? 서울 지하철 노선도를 펼쳐 놓고 보는데 도저히 어디에서 개척을 해야 할지 알 수가 없었습니다. 교인들이 많이 사는 곳 근처에서 시작해 보려고 했는데, 교인들은 여기저기 흩어져 살아서 어디가 중심인지 알 수가 없었습니다.

그러다가 함께 교회를 다니던 형제가 자신의 새로운 사업장을 구한다고 부동산을 좀 보러 가자고 했습니다. 그는 기존 사업에서 어려움을 겪으며, 소위 '망한' 상태였습니다. 작게 새로 사업을 시작하려고 한다길래 저도 아브라함처럼 고민했습니다. 사라를 묻는 마음으로, 이 형제가 근근이 살아갈 사업장을 같이 찾아 주자는 마음으로 돌아다녔습니다. 하지만 그것은 약속의 시작이었습니다. 그가 서울대입구역 쪽을 알아보고 있다길래 함께 매물들을 보러 돌아다녔습니다. 그런데 지나가다가 여기서 교회를 하면 괜찮을 것 같은 카페를 하나 만났습니다. 알아보니 주일 예배만 대관하면 한 달에 15만 원 밖에 대관비가 들지 않는 저렴한 곳이었습니다.

저는 아직도 그 순간을 잊지 못합니다. 그 장소를 보는 순간 '이 장소는 하나님이 우리에게 주신 장소다.'라는 확신이 들었습니다. 그곳을 내게 주신 소유로 해석하기 시작했습니다. 교회가 그곳에 세워질 것이기 때문에 저의 신혼집도 서울대입구역에 구했습니다. 남들은 좋은 아파트를 좇아서 이리저리 움직일 때, 저는 약속에 맞게 소유하기 시작했습니다. 그러자 거주의 문제도 해결되는 일이 벌어졌습니다.

이렇게 하나님은 우리의 삶에 무언가를 시작하게 하실 때 먼저 '소유'하게 하십니다. 다시 말하면, 하나님이 내게 주신 것임을 확신하게 하십니다. 거기서부터 하나님은 우리에게 주신 약속을 확장시켜 가기 시작하십니다.

복의 위치

하나님께서 내게 주신 것이 익어 가고, 커져 가게 만드시는 위치는 '소유'라고 했습니다. 그렇다면 실제로 내 삶에 구체적으로 어떤 방향을 통해서 소유를 실행해야 할까요? 두 가지를 살펴보겠습니다. 첫 번째는 (1) 사유이고, 두 번째는 (2) 자유입니다.

(1) 사유(私有)

사유는 소유와 비슷한 말입니다. 그러나 단순히 무엇을 가지고 있는 게 아니라 '남의 것이 아닌 나의 것', '온전히 나의 사적인 것', '완전히 내 것'이라는 의미가 강조된 표현입니다. 아브라함이 헷 족속 사람들에게 매장지로 괜찮은 곳을 하나 찾았나 봅니다. 부동산 등기를 떼어 보니 그 땅 주인이 에브론이었던 것 같습니다. 에브론이 땅을 그냥 쓰라고 했습니다. 요즘 말로 하면 영구임대 정도가 되겠습니다. 땅의 사용권을 공짜로 얻을 수 있는 기회 아닙니까? 하지만 미련하게 아브라함은 돈을 허비합니다. 제대로 값을 주고 땅을 사겠다고 계속 밀어붙입니다.

내 주여 내 말을 들으소서 땅값은 은 사백 세겔이나 그것이 나와 당신 사이에 무슨 문제가 되리이까 당신의 죽은 자를 장사하소서 아브라함이 에브론의 말을 따라 에브론이 헷 족속이 듣는 데서 말한 대로 상인이 통용하는 은 사백 세겔을 달아 에브론에게 주었더니(15-16).

왜 아브라함은 이런 행동을 했을까요? 아브라함은 하나님의 복이 커져 가는 위치가 어디인지를 알았기 때문입니다. 하나님께서 내게 주시는 복이 자라나고, 복이 성취되는 위치는 어디입니까? 하나님은 남의 것, 일부만 내 것, 가끔 빌려 쓰는 것이 아닌 완전히 내 것에서 나의 약속을 성취해 가십니다. 빅터 해밀턴의 말을 이어서 들어 보세요.

> 재산을 공짜로 받는 것은, 원 소유자가 실제 소유권을 보유하는 교활한 방법일 수 있다.[2]

헷 족속은 관대한 사람들이었습니다. 돈 내지 말고 공짜로 빌려 쓰라고 합니다. 그러나 누군가 나에게 관대한 것은 오히려 그가 교활할 수도 있다는 뜻입니다. 관대함은 이기심입니다. 왜 그렇습니까? 헷 족속이 관대해 보이지만 끝까지 그 땅을 자기 마음대로 할 수 있는 통제권만큼은 결코 주지 않으려고 했기 때문입니다.

이제 이해가 되시나요? 내가 직장이나 부동산이나 사업이나 무엇인가를 시도하려고 할 때, 내게 통제권을 완전히 주지 않는 상대는 결국은 이기적인 상대입니다. 그러므로, 하나님이 내 삶의 약속을 실행시켜 나가시는 것을 눈으로 보기를 원한다면 어떤 상태에서는 내가 사유하려고 애써야 합니다. 최대한 완전한 통제권, 완전한 소유권을 확보하려고 해야 합니다.

---

2 같은 책, p. 171.

그 후에 아브라함이 그 아내 사라를 가나안 땅 마므레 앞 막벨라 밭 굴에 장사하였더라 (마므레는 곧 헤브론이라) 이와 같이 그 밭과 거기에 속한 굴이 헷 족속으로부터 아브라함이 매장할 소유지로 확정되었더라(19-20).

빅터 해밀턴은 이 장에서 가장 중요한 구절은 19절이 아니라 20절이라고 합니다. '소유'를 강조하는 것이 이 본문의 결론임을 이렇게 설명합니다.

이 절은 2~19절의 결론이다. 19절은 결론을 내리는 그럴듯한 언급이 될 수 있으므로, 이 절이 19절 뒤에 나오는 것은 이상해 보인다. 이 절이 여기에 있는 것은 23장의 핵심 요소가 사라의 죽음이 아니라 아브라함이 외부인들에게서 땅을 얻는 것임을 가리킨다. 이처럼 땅을 얻는 것은 다가올 일들의 전조가 된다.[3]

정해진 일로 만들기

'사유'라는 방식을 다른 말로 표현해 보겠습니다. **하나님이 가르쳐 주시는 투자 방식은 '확정'입니다.** 확정된 것만 내 것이 됩니다. 내 삶의 어떤 영역에서 하나님이 일하실지 알고 싶으신가요? 이렇게 점검

---

3 같은 책, p. 177.

해 보시기 바랍니다. 하나님이 일하시길 원한다면, 필요한 일로 만들지 말고, **정해진 일, 확정된 일**로 만드세요. 하나님은 내가 필요할 때마다 가끔 찾는 곳에서 일하지 않으시고, 내 것으로 정해진 곳에서 일하신다는 것입니다.

예를 들어 보겠습니다. 우리는 언제 기도합니까? 주로 필요할 때 기도합니다. 질병에 걸렸습니다. 이직할지 말아야 할지 모르겠습니다. 기도가 필요합니다. 그래서 기도하러 나옵니다.

맞습니다. 그럴 때 하는 기도도 하나님께서 귀하게 여기십니다. 그러나 단순한 문제 해결에 그치지 않고, 적극적으로 하나님의 약속을 확장해 나가는 기도는 되지 못합니다. 적극적인 기도는 무엇입니까? **정해진 기도**입니다. 늘 **확정된 기도**입니다. 기도 시간이 정해진 사람이 있습니다. 응답이 없어도, 특별한 기도 제목이 없을 때도 기도하러 나옵니다. 하나님은 정해진 기도 시간, 내가 사유하고 있는 기도 시간이 있는 사람을 통해서 일하십니다. 내가 예배에 나가고 싶을 때만 예배를 드리러 간다면, 그것은 예배를 '필요한 일'로 만드는 것입니다. 그래서는 안 됩니다. 예배를 '**정해진 일**'로 만들어야 합니다. 주일에는 무슨 일이 있어도 예배드리러 갑니다. 주일 성수는 내게 정해진 일이어야 합니다.

가끔 감사하면 헌금합니다. 주님이 필요하고, 주님이 느껴질 때만 헌금하는 것입니다. 그래서는 안 됩니다. 십일조는 내게 '**정해진 일**'입니다. 하나님이 내게 정해 주신 일을 통해서 기적을 일으키심을 믿어야 합니다.

독서도 마찬가지입니다. 많은 사람들이 책을 잘 읽고 싶어 합니다. 소설가 김영하에게 책 잘 읽는 법을 물었답니다. 김영하는 이렇게 대답했습니다.

"책은요, 읽을 책을 사는 게 아니고 산 책 중에 읽는 거예요."

책을 읽고 싶을 때 책을 빌리러 가는 사람, 필요한 책이 있어서 그때 사러 가는 사람은 사실상 독서하는 사람이 아니라는 말입니다. 누가 책을 읽습니까? 책을 '소유'한 사람, 책을 '사유'한 사람, 책을 사기로 '확정한' 사람이 결국 책을 읽게 되어 있다는 것입니다.

책을 실제로 사면 읽지 않는 책도 생깁니다. 표지를 보고 샀다가 전혀 내가 기대했던 이야기가 나오지 않아서 책값이 아까울 때도 있습니다. 그럴 때 드는 유혹이 있습니다. "괜히 샀다! 이렇게 손해 볼 바에는 나중에 빌려서 봐야겠다!" 이러면서 책 구매를 중단합니다.

아닙니다. 책 구매를 중단하는 것은 사실상 독서를 중단하는 것과 마찬가지입니다. 책을 읽고 싶은 것은 곧 책을 사야 한다는 말과 동의어입니다. 책 읽는 사람이 되시고 싶으십니까? 당장 가서 그냥 좋아 보이는 아무 책이나 몇 권 사 놓으십시오. 그리고 매달 그렇게 하십시오. 내가 산 책의 90%는 그냥 책장에 꽂혀 있을지 모릅니다. 그러나 그러다가 우연히 펼쳐진, 내가 소유한 책들을 통해서 내 삶의 역사가 바뀌기 시작합니다.

　소유가 얼마나 위대한 일인지 이제 이해가 되십니까? 소유에는 '확정'의 기능이 있기 때문에 그렇습니다. 누구도 나를 방해하지 못합니다. 누구도 통제권을 쥐고 흔들 수 없습니다.

우리 집은 서울대입구역에 있을 거야

　제가 처음 신혼집을 구하던 이야기를 이어가 보겠습니다. 개척지가 서울대입구역에 생겼습니다. 그리고 목사는 모름지기 자신이 섬기는 교회 근처에 집이 있어야 한다고 생각하고 있었습니다. 하지만 집값은 비싸고, 마음에 드는 집은 없었습니다. 저의 마음에도, 저의 아내의 마음에도 그런 생각이 불쑥 찾아왔습니다. '꼭 교회 근처에 살 필요가 있을까? 최대한 상급지에서, 앞으로 더 오를만한 매물을 찾는 것이 1순위가 되어야 하는 것 아닐까?' 그런 생각이 들 때마다 저는 아내와 저 자신에게 이렇게 말했습니다. "걱정하지 마. 우리가 살 곳은 무조건 서울대입구역에 있을 거야."

　저는 제게 개척하게 하신 교회가 서울대입구역에 세워질 것을 확신했습니다. 그리고 그 근처에서 내 삶을 펼쳐야 하는 일을 '정해진 일'로 만들었습니다. 제가 집을 구할 때만 해도 누가 집을 사냐고 한탄하던 때였습니다. 작은 빌라였는데 그 당시 역전세의 상황이 벌어졌습니다. 아무도 이 빌라를 사려고 하지 않으니, 전셋값이 몇천만 원 더 비싸고, 매매가가 더 낮은 상황이었습니다. 그러나 저는 괜찮은 빌라를 찾아서 그 집을 매매하게 되었습니다. 이 집의 가격이 더 내려가더라도, 이 집이 아파트가 아니더라도 내가 여기 사는 것을 정해진 일로 만들어 버린 것입니다.

저는 이 투자 결정을 한 번도 후회해 본 적이 없습니다. 여러분에게 다 말할 수 없는 복된 일이 이 일을 통해서 훨씬 많이 일어났습니다. 하나님의 뜻을 구하고, 그 뜻을 정해진 일로 만들기 위해 내 삶의 많은 요소를 확정해 보십시오. 하나님의 나를 향한 약속의 실행이 급속도로 빨라지는 것을 경험할 수 있을 것입니다.

나는 어디서 살아야 할까요? 어느 직장이 연봉을 높게 줄까요? 주변에서 좋은 위치라고, 좋은 직장이라고 말을 들어 봐야 그런 확신이 생기지 않습니다. 좋은 매물은 계속 나오고, 높은 연봉을 주는 회사는 계속 생깁니다. 그럴 때마다 임시로 살고, 임시로 일하고, 매번 이사 다니고 매번 이직하실 것입니까? 하나님이 내게 주셨다는 확신이 먼저 와야 합니다. 내 삶의 모든 요소가 하나님이 내게 주신 '소유물'이 되어야 합니다.

사유의 사회적 현상

개개인이 사적인 소유를 자유롭게 할 수 있도록 독려하는 것이 사회적으로도 긍정적인 효과를 일으킵니다. 소유가 없는 곳에는 발전이 없습니다. 반대로, 사적인 소유를 허용하는 곳에서 무한한 확장이 나타나게 됩니다. 제이 리처즈는 『돈, 탐욕, 神』이라는 책에서 그

현상을 이렇게 분석합니다.

> 개발도상 세계의 많은 곳에 사는 사람들은 그들의 명확한 소유가 아니거나 단지 '법외적인' 소유의 땅에서 농사를 지으며 산다. 그들의 땅이라는 것을 증명할 법적 구속력을 지닌 문서 따위는 없다. 그 결과 같은 땅에서 수십 년 동안 힘들게 일하지만 하루벌이의 삶을 벗어나지 못한다. 제 3세계 사람들은 "집은 갖고 있지만 소유권은 없고, 농작물을 재배하지만 그것에 대한 재산권은 없으며, 사업을 하지만 사업체는 없는 경우가 많다."[4]

단순히 소유를 금지시키는 것만이 문제가 아닙니다. '쉽게' 소유할 수 있도록 해주어야 합니다. 소유가 어려워질 때, 사람들은 소유를 포기하게 되고, 책임지고 자신의 업과 자신의 삶을 감당하려는 열정을 잃어버리게 됩니다. 이어서 들어 보시지요.

> 게다가 이들 나라에는 … 관료주의의 장벽이 버티고 있다. 예를 들어, 페루에서 집 한 채를 합법적으로 사려면 첫 단계에만 207개의 조치가 필요한 다섯 단계의 미로를 헤매야만 한다. 아이티에서 정부로부터 땅을 임대받으려면 65가지의 절차를 군말 없이 따라야 한다. 빌리는 게 아니라 사겠다면 111가지 절차를 더 거쳐야 한다.[5]

---

4 제이 리처즈, 『돈, 탐욕, 神』, p. 115.
5 같은 책, p. 116.

주인은 누구입니까?

한사람교회는 제가 개척해서 일구어 가고 있는 교회입니다. 그래서 이 교회의 초대 목사는 저입니다. 사람들이 교회를 이야기할 때 하나님의 주인 되심을 강조하기 위해 이렇게 말하는 것을 종종 듣습니다. "교회는 목사의 개인 소유물이 아닙니다. 하나님이 주인 되시는 공동체입니다." 자신이 교회의 주인이 되어 함부로 행동하는 목사들을 향한 비판과 염려의 목소리입니다.

저 말이 일리가 있습니다. 하지만 현실은 다릅니다. 사실 함부로 행동하는 목사님들은 역설적으로 '내 교회'라는 생각이 없기 때문에 힘을 내어 사역하지 않는 것입니다. 나는 잠시 위임받았다가 나갈 교회이기 때문에 윤리적으로 문제를 일으킬 수 있는 것입니다. 자신이 주인 된 것처럼 행세하는 사람들은, 사실 그것이 자기가 일구고, 자기에게 주신 교회라는 생각이 없기 때문에 그렇게 행하는 것입니다.

저는 선한 뜻에서 한사람교회가 제 교회라고 생각하면서 사는 사람입니다. 그래서 누구보다 잘하고 싶습니다. 누구보다 하나님이 기뻐하시는 교회를 만들기를 원합니다. 누가 저한테 이렇게 물었습니다. "목사님, 그렇게 작은 곳에서 목회하시다가 사람 많고 좋은 곳에 청빙 받으실 수도 있지 않겠어요?" 저는 정말 속으로 한참 웃었습니다. 제가 이 교회를 '소유'라는 관점에서 인식하고 있음을 전혀 이해하시지 못하는 것 같았습니다. 저는 이 교회를 하나님이 제게 주셨다고, 제가 소유하게 하셨다고 여기며 살아가고 있습니다. 이곳에서 행하는 모든 사역의 책임이 제게 있음을 믿는다면 어떻게 함부로 살아갈 수 있겠습니까? 바르게 사유하면 하나님의 약속이 더 정교하게 펼쳐집니다.

(2) 자유: 탐심으로부터의 자유

내 것을 가져보라고 말하면 마치 탐욕을 부추기는 사람의 말처럼 들립니다. 그렇지 않습니다. 하나님 안에서 사적인 소유를 명확하게 할 때, 오히려 나는 역설적으로 이 시대가 쉽게 빠지는 죄로부터 벗어날 수 있는 자유함을 얻게 됩니다. 그것이 무엇입니까? 탐심으로부터의 자유입니다. 성경은 각 사람마다 소유를 확정하는 제도를 말하고 있는데, 내용이 십계명에 잘 기록되어 있습니다. 8계명과 10계명은 이렇게 적혀 있습니다.

> 도둑질하지 말라 네 이웃의 집을 탐내지 말라 네 이웃의 아내나 그의 남종이나 그의 여종이나 그의 소나 그의 나귀나 무릇 네 이웃의 소유를 탐내지 말라(출 20:15,17).

성경은 도둑질하지 말라고 말합니다. 단순해 보이는 이 말씀에 무엇이 전제되어 있습니까? '내 것'이 있고, '남의 것'이 있다는 전제가 있습니다. 그 사람의 집이 있고, 그 사람의 남자, 그 사람의 여자가 있고, 그 사람의 소가 있고 여러분의 소가 있다는 것입니다. 사유의

식을 통해서 일하신다는 것을 확신하는 그리스도인은 십계명이 자유의 계명으로 받아들여집니다. 확신과 평안으로 받아들여집니다. 어떤 확신입니까? **"남이 가진 것에는 내 몫이 없다!"** 바로 이 확신입니다. 이것이 너무나 이 시대에 필요한 확신입니다.

내게 왜 지금 돈을 주시지 않았습니까? 왜 저 사람만 돈을 많이 벌고 나는 지금 벌지 못하고 있습니까? 지금 내게 복이 되지 않기 때문입니다. 내가 거쳐야 할 다른 과정이 있기 때문입니다. 내 복은 다른 곳에 있기 때문입니다. 남이 가진 것에는 내 몫이 없다는 자유로운 확신으로부터 나는 이제 다른 사람들이 살아가는 수준이나 재정적인 상황에 근거한 비교의식으로부터 자유할 수 있습니다.

그러므로 반대로 질문해야 합니다. "내가 지금 소유한 것으로 어떤 일을 행하기를 원하십니까?", "하나님이 주신 것으로 내가 무엇을 배우길 원하십니까?" 이렇게 내가 가진 것에 집중하는 질문을 던져 봐야 합니다. 혹시 "내가 지금 이것이 없습니다.", "저 사람이 가진 저것이 없습니다."라고 말한다면, 오히려 나는 현재의 소유도 하나님으로부터 온 것임을 확신하지 못하고 있는 상태일 수 있습니다. 비교는 내 소유에 대한 확신이 없을 때 발생합니다.

사람의 방황이 여기서 끝납니다. 맨날 여기저기 돌아다녔습니다. 좋은 남자 없나, 좋은 직장 없나, 좋은 교회 없나, 남의 것의 더 좋은 부분들을 찾아다녔습니다. 그러다가 갑자기 내가 지금 서 있는 이곳, 바로 여기에서 승부를 봐야겠다는 생각이 듭니다. 다른 사람들의 모습을 그만 쳐다보자는 결단이 섭니다. 바로 하나님이 내게 주신 것에 대한 소유의 확신을 가지게 될 때입니다.

지금까지 맨날 연봉 비교, 아파트 평수 비교, 자녀 학벌 비교, 노년에 받을 연금 비교하면서 살았습니다. 이 마음에서 자유해지시기를 바랍니다. 자유함은 하나님이 주신 '사유함'에서 옵니다. 누가 뭐라고 해도 이 집이 내 것입니다. 이 업은 하나님이 주신 업입니다. 하나님이 '내게' 주신 자녀입니다. 내 것을 통해 일하실 것입니다.

소유에도 순서가 있다

우리나라 상황에 맞추어, 젊은 분들이 무언가를 소유해 나갈 때, 소유의 우선순위를 생각해 보면 어떨까 합니다. 보편적으로 젊은 분들은 대학을 졸업하고 직장을 다니면서 돈을 모으기 시작합니다. 부모님 용돈만 받으며 살다가 갑자기 수백만 원이 내 통장에 찍히면서 이 돈으로 무엇을 할까 고민하게 됩니다. 저축을 하면 그 돈이 수천만 원으로 늘어나는 뿌듯함도 느낍니다.

문제는 여기서부터 발생합니다. 당장 결혼을 할 것도 아니고, 당장 내가 집을 살 수도 없다는 생각에 다른 곳에 돈을 쓰기 시작합니다. 큰돈을 들여 수주에서 수개월에 걸친 여행을 하기도 하고, 생활의 편리함을 위해 차를 사기도 합니다.

그러나 명심해야 합니다. 대규모로 지출하는 투자의 우선순위 중의 **첫 번째는 집이 되어야** 합니다. 아무리 작은 집이라도 내 거주지를 먼저 확보하는 것이 우선입니다. 실제로 사람들이 자기 명의의 집을 가질 수 있도록 도와주었을 때, 그것이 인생의 모든 영역에 긍정적인 영향을 끼친다는 보고들이 많이 있습니다. 'Centre for Social Justice'의 대표인 패트릭 스펜서(Patrick Spencer)는 영국의 부동산 시장과 관련된 글에서 자가 보유의 중요성을 이와 같이 강조합니다.

집 문제가 왜 그토록 중요할까? 자가소유가 신체 및 정신 건강과 빈곤율 감소에 영향을 끼치기 때문이다. 자가소유자의 경우 빈곤층으로 전락할 확률은 15% 감소한다. 월세 임차인의 3분의 1 이상(공공주택임차인 포함)이 빈곤선 이하로 생활하는데, 이는 자가소유자보다 높은 비율이다.

자가를 소유한다는 것은 단순히 월세에서 해방되는 것만을 의미하지는 않는다. 이는 개인과 가정에 안정을 제공한다. 니콜라스 페스티나와 에릭 벨스키(Nicholas Pestinas and Eric Belsky)는 그들의 저서 『저소득층의 자가소유』(Low-Income Homeownership: Examining the Unexamined Goal)에서 자가를 소유하는 것은 부모들에게 있어 지역사회에 보다 활발히 참여하게 하고, 아이들에게 있어서는 학업을 마치고 대학에 진학할 수 있게 만든다는 점을 지적하고 있다.

이들은 또한 자가 소유가 아이들의 인지 및 행동 발달에 미치는 영향을 연구하였는데, 이 연구에서 발견한 바는 다음과 같다. "월세 거주자들과 비교했을 때 자가소유는 인지적, 물리적, 정서적 환경에서 보다 양질의 양육환경을 제공하며 … 아이들의 인지능력은 수학 부분에서 최대 9%, 읽기 성취도는 7% 더 높았다 … 또한 아이들의 문제 행동은 3% 더 낮게 보고되었다."[6]

핵심은 간단합니다. 집을 소유하는 것은, 단순히 경제적인 부분에서 유익과 손해를 보는 관점을 넘어섭니다. 아무리 낡고 오래된 집이라도, 내가 집을 소유한 그곳에서 내가 정서적인 안정과 삶의 토대를 마련할 수 있습니다. 가난을 딛고 일어서고, 가족을 부양하며, 자녀를 양육할 수 있는 기회가 집을 소유하는 데에 있습니다. 젊은 분들은 그 외 자동차 구매나 여행 등 기타 큰 소비를 절제해야 합니다.

돈을 모으면 집을 사야지 vs 집을 사고 돈을 모아야지

이렇게 질문하실 수 있습니다. "목사님, 누가 집을 사고 싶지 않다고 하나요? 저도 집 사고 싶어요. 하지만 돈이 없으니까 그렇죠. 그래서 지금 투자도 하고, 집을 살 준비를 하는 거예요."

저도 그 말을 충분히 이해합니다. 이렇게 정리할 수 있습니다. 많은 젊은 분들이 '다른 방식으로 돈을 번 이후'에 집을 사려고 합니다. 집이 너무 비싸고, 내가 받는 급여는 한정되어 있습니다. 그래서 지금 버는 돈으로 다른 투자를 먼저 합니다. 먼저 주식을 하려고 합니다. 먼저 코인을 하려고 합니다. 하지만 그런 투자들은 절대적인 투자 금액이 적기 때문에 수익을 내도 총수익금이 늘어나기가 쉽지 않

---

[6] https://capx.co/stable-families-and-home-ownership-are-the-key-to-reducing-poverty/

습니다. 반대로, 어렵게 모은 돈이건만 하락을 맞는 바람에 투자금을 다 날릴 위험에 처하기도 합니다. 투자로 돈을 벌어 집을 사려다가, 집마저 살 수 없는 투자자로 전락할 위험이 있습니다.

순서가 바뀌어야 합니다. 다른 투자보다, 먼저 적절한 규모의 대출과 내가 저축한 금액을 활용하여 내 집을 마련하려고 노력하세요. 그것이 '첫 번째 투자'가 되어야 합니다. 실거주할 수 있는 집을 마련하는 것이 투자의 첫걸음입니다. 돈을 모은 이후에 집을 사려고 하지 마세요. 생각을 바꿔야 합니다. 집을 사면 돈을 모을 수 있습니다. 돈을 모을 기회가 생깁니다. 성경적인 실천으로 가난했던 재정 상태를 회복한 이야기 『크리스천 돈 공부: 어쩌다 재테크』에서 저자는 젊은 이들을 향해 이렇게 조언합니다.

만약 집을 사려고 돈을 모으고 있는데 자산을 불리려고 한다면 내가 추천할 방법은 이것뿐이다. 이 이야기는 돈을 많이 가진 사람을 위한 정보가 아니다. 무조건 안전하게 가는 방법이다.

나의 경우는 주식이나 예금을 하지 않았다. 먼저 집을 사고 그 집의 대출을 갚는 것이 가장 우선적인 일이었다. 일본에서 살면서 살인적인 월세를 경험하고 보면서 만약 내가 집이 없다면 저런 월세를 내야 한다는 것을 뼈저리게 느꼈다.

정말 월세 낸다고 생각하고, 미국 사람들의 주택담보대출처럼 집을 장만하고 갚아가면 그게 내 집이 된다. 그래서 되도록 '돈을 모으면 집을 사야지.'

라는 생각보다는 '집을 사고 돈을 모아야지.'라고 생각했으면 한다.

평균 인플레이션의 수치를 5%라고 할 때 그 수치에는 부동산 상승 값이 반영되지 않는다. 부동산은 유동 자산이 아니기 때문에 인플레이션의 기준에 들어가지 않기 때문이다.

예를 들어 여러분이 이 책을 읽는 시점에서 생각해 보자. 현재 1억으로는 수도권의 어떤 집도 살 수 없다. 심지어 경기도를 넘어서도 마찬가지다. 지금 사는 청파동 집을 살 때 세를 안고 빌린 돈이 1억 3천이었다. 그런데 요새는 그 돈으로 집을 장만할 수가 없다. 즉, 화폐는 계속 가치가 하락하고 물가는 상승한다.[7]

소유의 우선순위가 집이 아닌 다른 것이 되면 안 됩니다. 한 살이라도 젊을 때 실거주할 수 있는 집부터 마련해야 합니다. 주식과 코인 공부에 젊음의 너무 많은 시간을 탕진하지 마시기 바랍니다. 투자를 통해 집을 사는 것이 아닙니다. 집을 사는 그 자체가 가장 현명한 투자가 될 수 있습니다.

집이 없으셨던 분

이 방식으로 살아갈 때 하나님이 내 몫의 소유를 나에게 주신다는 것을 어떻게 확신할 수 있을까요? 나 대신 집이 없으셨던 예수님을

---

[7] 김은주, 『크리스천 돈 공부: 어쩌다 재테크』(한사람, 2021), p. 166–68.

바라볼 때 확신할 수 있습니다.

예수께서 이르시되 여우도 굴이 있고 공중의 새도 거처가 있으되 인자는 머리 둘 곳이 없다 하시더라(마 8:20).

모든 것을 소유하신 분이, 왜 이 땅에서 집 없이 살아가셨습니까? 결국 하나님은 단순히 우리에게 하나님을 믿으면 어떤 좋은 자산을 소유할 수 있다고 말씀해 주고 싶으신 것이 아니었습니다. 이 땅에서 많은 것을 소유해도, **하나님을 소유하지 못한 자는 결국 아무것도 소유할 수 없음**을 보여 주고 싶으셨던 것입니다.

우리는 하나님이 없으면 결국 죽음 이후에 아무것도 소유할 수 없는 죄인이었습니다. 그러나 예수님은 아무것도 소유하지 못할 사람이었던 우리를 대신해서 십자가에 못 박히심으로, 우리에게 하나님 나라라는 영원한 소유를 허락해 주신 것입니다.

나머지 삶의 확신

자신의 소유를 우리에게 주시고, 아무것도 없이 살아야 할 우리의 삶을 대신하여 십자가의 죽음을 경험하신 분이 예수님이시라면, 우리는 하나님을 소유한 자로서 우리의 나머지 삶도 확신할 수 있습니다.

"아 주님, 남의 것을 탐하지 말라고 말씀하신 분이, 나에게 무엇인가 주고 싶지 않으셔서 그렇게 말씀하신 것이 아니군요. 내 소유가 없어지고, 남들보다 손해 보고, 수익이 적은 것 같은 모든 상황 속에서도, 아브라함처럼 하나님이 뜻하신 나만의 막벨라 굴을 사려는 내 노력 속에 내게만 주시기로 작정하신 소유를 예비하셨음을 확신하겠습니다. 내게 주시는 진정한 소유는, 돈이 있어서 사는 것이 아니라, 문제를 해결하면서, 말씀과 부딪치는 삶의 현장 속에 순종하면서 얻어지는 것임을 경험하기를 원합니다."라고 말입니다.

먼저 하나님이 내게 주신 것이라고 확신하는 강한 소유의식을 확인하면 좋겠습니다. 그리고 남의 것에는 내 몫이 없음을 확신하면서, 하나님만 따라가 보세요. 하나님이 주신 소유를 풍성하게 누리는 여러분 되시기를 기도합니다.

예수께서 이르시되 여우도 굴이 있고 공중의 새도 거처가 있으되
인자는 머리 둘 곳이 없다 하시더라(마 8:20).

크리스천의 투자노트

1. 소유가 약속의 시작이다.

   아브라함은 땅을 소유하면서 약속의 성취를 준비했다. '하나님이 내게 주신 것'이라고 느끼는 영역이 있어야 한다. 그곳이 내 소유지다.

2. 소유의 원칙: 사유 & 자유

   [사유] 온전히 내 것으로 만들어야 한다. 삶에 정해진 일로 만든 것들 속에서 열매를 거둘 수 있다.
   [자유] 남의 것에는 내 것이 없다. 그래서 탐심으로부터 자유할 수 있다.

3. 소유에도 순서가 있다.

   투자를 통해 나중에 집을 산다고 생각하지 말고, 구매 가능한 적당한 집을 먼저 소유한 후 투자를 준비하는 것이 바른 순서다.

6. 하나님은 어떻게 투자하실까

요한복음 21:18-22

"최고의 한 종목을 추천해 주세요."

한 학생이 워렌 버핏이 진행하는 주주 총회에서 질문을 던졌습니다. "만약 지금 주식을 딱 한 종목만 골라 전 재산을 모두 투자해야 한다면 어떤 종목을 추천하시겠습니까?" 당돌하지만 모두가 궁금해하는 질문이었습니다. 그 질문에 버핏은 지혜롭게 이렇게 답변합니다.

특정 한 종목에 대한 얘기보다 더 나은 답변을 드릴게요. 특정 종목과 관련된 말씀을 드릴 수도 있겠지만 학생에게 최선은 어떤 일을 특출나게 잘하는 겁니다. 동네에서 최고의 의사가 되든지 동네에서 최고의 변호사가 되든지, 뭐가 됐든 최고가 될 수 있다면, 뭐가 됐든 사람들은 학생에게 막대한 돈을 지불하고서라도, 혹은 그들이 생산하는 것이 무엇이든 간에 학생이 제공할 수 있는 서비스와 맞교환하려고 할 것이거든요. 만약 학생이 한 분야의 최고가 된다면, 그 일이 무엇이 됐든 사람들이 학생에게 그 일을 맡기기로 했다면, 노래를 부른다거나 야구를 한다거나, 아니면 그들의 변호사로 선임된다거나 뭐가 됐든, 학생의 그 능력은 누구도 뺏어 가지 못합니다. 학생의 능력은 사라지지 않습니다. 누군가는 그들이 생산한 밀을 제공할 수도 있을 테고 아니면 목화가 됐든 그게 뭐가 됐든 간에 학생의 그 능력과 거래하려고 할 테니까요. 따라서 최고의 투자라면 단연코 뭐가 됐든 스스로를 성장시키는 것입니다. 그리고, 이건 세금도 안 붙잖아요. 그래서 저라면 그렇게 할 거예요.

버핏의 이야기에는 비밀이 숨겨져 있습니다. 투자해야 할 것은 바로 **그 사람 '안에'** 있다는 것입니다.

밖에서 찾아다니는 나의 투자처

요즘 투자를 이야기할 때 사람들이 착각하는 부분이 바로 이곳입니다. 투자라는 것을 인생 전체로 바라보지 못하고, 어떠한 외부의 자산에 내 금전적인 돈을 쏟아붓는 것에만 관심을 갖습니다. 그러니까 나의 투자처는 모두 외부에만 있다고 생각합니다. 저 밖에 있는 부동산을 사야 합니다. 저 주식을 사야 합니다. 투자를 잘한다는 것은 밖에 있는 숨겨진 자산을 잘 찾아내는 것을 말합니다. 그 기회를 놓치면, 투자의 기회도 놓친다고 생각합니다.

하지만 버핏의 말은 하나님의 인도하심을 받는 사람들에게 특별히 생각할 부분이 있습니다. 하나님은 각 사람이 하나님의 계획에 따라 독특하게 사명을 감당하도록 창조하셨다고 말합니다.

> 우리는 그가 만드신 바라 그리스도 예수 안에서 선한 일을 위하여 지으심을 받은 자니 이 일은 하나님이 전에 예비하사 우리로 그 가운데서 행하게 하려 하심이니라(엡 2:10).

그렇다면 외부적인 투자처를 찾기 전에 하나님의 사람들은 먼저 하나님이 내 안에 숨겨 두신 재능을 찾아야 합니다. 하나님께서 내 삶을 어디에 위치시키시는지, 그 자체가 중요합니다. 밖에서 유망하다, 안전하다, 성장한다는 말을 듣기 전에 하나님이 내게 독특하게 이끄시는 길을 찾아가야 한다는 것입니다.

하나님은 나에게 어디에 투자하라고 하십니까? 질문이 잘못되었습니다. 그것은 밖에서 투자처를 찾는 것이기 때문입니다. 오히려 이렇게 물어야 합니다. "하나님 그분은 어디에 투자하십니까?" **하나님은 '나에게' 투자하십니다.** 내 인생 전체가 투자라고 했을 때, 하나님은 이미 내 인생 전체를 통해 하나님이 뜻하신 좋은 열매를 거둘 수 있도록 매 순간 이끌어 나가신다는 것입니다.

이 책을 읽으시는 분들마다 나이와 상황, 기질이 모두 다르시겠지만, 저는 이 시대에 '밖의 투자처'가 아니라 내 안에서 만들어 가시는 주님의 투자 전략은 어떻게 펼쳐지는지 생각해 볼 필요가 있다고 생각합니다. 하나님은 내 인생이라는 자산을 어디에 어떻게 투자하실까요? 하나님의 투자 방식에는 다음과 같은 세 가지 원칙이 있습니다.

하나님의 투자처 1: 비자발적인 곳

요한복음 21장에는 예수님께 자신의 미래를 묻는 베드로의 모습이 나옵니다. 예수님은 베드로에게 이렇게 말씀해 주십니다.

> 내가 진실로 진실로 네게 이르노니 네가 젊어서는 스스로 띠 띠고 원하는 곳으로 다녔거니와 늙어서는 네 팔을 벌리리니 남이 네게 띠 띠우고 원하지 아니하는 곳으로 데려가리라(18).

예수님이 부활하셨으니 그 능력으로 베드로에게 완벽한 인생의 투자처를 말씀해 주실 줄 알았습니다. 그런데 예수님은 베드로의 인생에서 투자의 성과를 거두기 위해 데려가실 곳을 독특하게 정리해 주십니다. 바로 베드로가 '원하지 아니하는 곳'이라는 것입니다.

우리가 하나님의 뜻을 따라 살아갈 때 어느 순간에 하나님께서 내게 선택할 기회를 주실 때가 있습니다. 내가 전공을 택하고, 내가 대학을 택하고, 내가 기업을 택할 수 있습니다. 그러나 어느 순간 나의 능력 부족으로, 아니면 인생의 여러 가지 어려움 속에서 어쩔 수 없이 끌려 들어간다고 생각될 때가 있습니다. 가난해서 어쩔 수 없이 아르바이트를 합니다. 나를 뽑아 주는 기업이 없어서 어쩔 수 없이 합격한 곳에서 일을 시작합니다. 이 시대는 내가 주도적으로 결정하지 못하면, 나의 인생 투자는 실패했다고 치부합니다. 그러나 기억하세요. 그것이 바로 '**주도성의 우상**'입니다. **내가 직접 고르지 못한 것, 내가 직접 취하지 못하고 주변에서 비자발적으로 끌려가게 된 삶의 결과들은 내게 도움이 되지 않을 것**이라는 착각입니다.

아닙니다. 끌려가는 곳이 하나님의 부르심입니다. 베드로는 끌려가는 것 자체에 의미를 두지 않았습니다. 모든 상황에 대하여 하나님과 함께 동행하는 것이 중요했을 뿐이었습니다.

'꼴찌 박사'

월드비전 회장으로 사명을 감당하고 계신 조명환 교수님이라는 분이 계십니다. 현재 아시아 최고의 에이즈 전문가로 인정받고 계십니다. 이분이 쓰신 책 중에 자신의 신앙 간증을 담은 『꼴찌 박사』라는 책이 있습니다. 그 내용에 보면 자신이 학창 시절 가난하고, 공부도 참 못했다고 합니다. 하지만 공부를 해보고 싶어서 대학에 가려고 했는데 막막하더랍니다. 그러던 차에 아버지의 지인분이 대학을 가보라고 권면합니다.

공부를 못하니까 당연히 못 갈 것으로 생각했는데, 갑자기 그분이 학과를 정해 주더랍니다. '건국대 미생물공학과'에 지원하면 될 거라고 하면서요. 이때가 1970년대인데 그때만 해도 생명공학이 무엇인지 사람들이 전혀 모르던 시절이었습니다. 아무도 이런 학과에 지원하지 않을 때, 앞으로 생명공학이 뜰 것이니 아무도 가지 않는 이곳에 가면 대학에 갈 수 있다고 조언을 하신 겁니다. 문과생이었던 조명환 학생은 단순히 대학에 가기 위해 이과로 바꾸어 대학에 진학하게 됩니다.

그는 얼떨결에 대학에 합격하게 되었습니다. 그리고 이왕 대학에 온 김에 더 욕심을 내서 유학을 결심합니다. 오하이오주립대학에 유학을 갔습니다. 하지만 다들 아시겠지만, 한국에서 공부를 못하던 학생이 미국에 간다고 갑자기 공부를 잘하게 되는 경우는 드뭅니다. 그도 그랬습니다. 학업을 유지할 수 있는 최저학점이 B였는데 그것도 유지하지 못해서 다른 친구에게 "Go home(집에 가버려)."이라는 비아냥까지 들었다고 합니다. 그는 '하나님은 왜 내게 지식과 지혜를 주시지 않는 것일까?' 하고 한탄합니다.

대학원 수업을 다시 들어야 하는데 지원하는 곳마다 다 떨어지던 어느 날, 애리조나대학에서 편지가 옵니다. 그런데 애리조나대학은 이미 떨어져서 불합격 편지를 받은 이후였는데, 편지가 다시 온 것입니다. 그 편지 속에 이러한 내용이 적혀 있었습니다.

"귀하에게는 이미 본 대학 박사과정의 불합격 판정을 내렸습니다. 그러나 미생물·면역학과 찰스 스털링 교수가 귀하를 지도하겠다는 의지를 존중하여, 귀하에게 본 대학 박사과정 입학이 허가되었음을 통보합니다. 그러나 귀하는 본 대학원에서 다른 교수를 지도교수로 선정할 수 없으며, 스털링 박사를 지도교수로 수학하고 싶을 경우 본 대학 박사과정에 입학할 수 있음을 통보합니다."[1]

지금으로 말하면 완전한 '갑질' 아닙니까? 너는 공부를 못하니, 너는 선택권이 없고, 학교에서 정해 주는 학과, 정해 주는 교수 밑에서 공부할 거면 하고, 아니면 말라는 일방적인 통보였던 것입니다. 그런데 이곳에 하나님의 섭리가 숨어 있었습니다. 이 찰스 스털링 박사는 당시만 해도 에이즈가 발견된 지 얼마 되지 않았을 때인데, 그때 에이즈 공부를 시작했던 선구자였던 것입니다. 그는 자신이 최고의 에이즈 전문가가 된 비결을 이렇게 고백합니다.

"나는 현재 '아시아 최고의 에이즈 전문가'로 통한다. 하지만 나는 에이즈에 관심도 없었고 에이즈를 공부하기 위해 미국에 간 것도 아니었다. 하지만 모든 대학이 거부할 때 오직 한 사람 스털링 교수가 나를 받아 준 까닭에 나는 그를 따라 에이즈 전문가가 되었다. 내가 실력 있는 학생이었다면

---

1 조명환, 『꼴찌 박사』(두란노, 2017), p. 78-79.

대학도 내가 선택했을 것이고 지도교수도 내가 선택했을 것이다. 하지만 내겐 선택할 자격이 없었다. 스털링 교수에게 선택받은 것 자체가 기적이었다. 그런데 스털링 교수가 에이즈 연구가였다. 하나님은 이렇듯 나로 하여금 에이즈 공부를 하도록 이끄셨다."[2]

어떠신가요? 자신은 선택할 수 없었고, 끌려갔다는 것입니다. 공부 못해서 끌려가고, 가난해서 끌려가고, 학점 관리 못해서 끌려가고, 영어 못해서 끌려갔습니다. 그런데 그곳에 하나님의 인도하심이 있었습니다. 선택할 자격이 없었기 때문에 미생물공학과에 갔고, 실력이 없었기 때문에 어쩔 수 없이 찰스 스털링 교수 밑에서 공부한 것입니다.

조명환 교수가 자신의 선택과 자신의 능력에 따라 진로를 심었다면 분명히 이것보다 풍성하게 열매를 거두지 못했을 것입니다. 그러나 조명환 교수님을 향한 하나님의 투자처는 독특하게도 '아무도 원하지 않는 곳'이었습니다.

하나님 앞에서 끌려간다고 생각하고 있는 분들이 있습니까? 내가 원치 않는 곳에 왔다고, 인생을 망쳤다고 생각하는 분들이 있습니까? 나의 주도권을 우상으로 삼지 마세요. 하나님은 내가 끌려가게 만드신 곳에서 최고의 투자를 실행하십니다.

---

2 같은 책, p. 79-80.

"아무 데나 쓰고 되는 곳에 가!"

실천적으로 적용해 보겠습니다. 우리가 보통 자신의 적성을 제대로 찾지 못하고, 능력도 변변치 않아서 방황하는 중고등학생의 입시나, 대학생들의 취업을 걱정할 때 이렇게 말합니다. "그냥 아무 데나 쓰고, 되는 곳에 가!" 이 말은 보통 자신의 주도적인 진로 계획을 포기한 사람들에게 하는 말처럼 들립니다. 그러나 하나님의 인도하심 속에 이 말은 매우 합당한 말입니다.

하고 싶은 것이 있고, 계획대로 진행되고, 능력도 되고, 하나님이 선택의 기회를 주실 때는 그렇게 나의 미래를 정할 수 있습니다. 그러나 인생이 그렇게만 펼쳐지는 것은 아닙니다. 다 떨어지고 하나만 남을 때도 있습니다. 무슨 일을 해야 할지 막막할 때도 있습니다. 그럴 땐 그냥 아무 데나 쓰는 겁니다. 그게 절대 나쁜 일이 아닙니다. 그냥 조명환 학생처럼 되는 곳에 가 보십시오. 어쩔 수 없을 때는 그렇게 하는 것이 하나님의 인도하심입니다.

한사람교회에도 취업을 준비하러 서울에 올라오는 분들이 많이 있습니다. 자신의 진로를 어떻게 설계해야 할지 고민하는 젊은 친구들이지요. 특히 자신만의 특별한 재능이 없는 사람의 경우 취업 사이트에서 지원을 하기도 어려워합니다. 저는 그럴 때 이야기합니다. 아무것도 못하겠으면, 취업 사이트에서 "단순"이라고 검색하고 엔터를 눌러보라고요. 한번 해보십시오. 정말 내가 생각하지도 못했던 수도 없는 단순한 아르바이트 자리, 단순한 업무 자리를 찾는 회사들이 부지기수입니다. 아무것도 모르겠을 땐 단순한 일부터 그냥 시작하는 겁니다. 아무 데나 지원해서 가는 사람들은 계획성이 없는 사람들일까요? 아닙니다. 어쩔 수 없이 끌려가서 일하다가 하나님이 길을 여실 때도 있는 것입니다.

하나님의 투자처 2: 비전문적인 곳

두 번째로 하나님이 내 인생의 미래 가치를 바라보고 투자하실 때 내가 거부하는 무기가 있습니다. 바로 '전문성'입니다. 다르게 말하면 '능력주의', '스펙'이라고도 표현할 수 있겠습니다. 하나님은 우리의 인생을 '전문적이지 않은 곳'으로 이끌어 가십니다. 나의 스펙, 나의 능력, 나의 자격이 필요 없는 곳으로 이끌어 가실 때가 있다는 말입니다. 베드로에게 예수님이 하신 말씀을 다시 한번 읽어 보겠습니다.

내가 진실로 진실로 네게 이르노니 네가 젊어서는 스스로 띠 띠고 원하는 곳으로 다녔거니와 늙어서는 네 팔을 벌리리니 남이 네게 띠 띠우고 원하지 아니하는 곳으로 데려가리라(18).

'늙어서는 네 팔을 벌리게 된다.'라고 말씀하십니다. 교회를 오래 다닌 분들은 이것이 베드로의 십자가 순교를 예언하는 말씀임을 잘 알고 있습니다. 하지만 이것이 우리에게 주신 말씀으로 생각하고 한

번 적용해 보겠습니다. 우리의 인생을 내가 견고하게 세워 나간다고 할 때, 이 시대가 사용하는 무기는 무엇입니까? 맞습니다. 전문성입니다. 전문성이 있어야 직장에서 인정받고, 전문성이 있어야 오래 살아남을 수 있다고 이야기합니다. 그러나 예수님은 베드로가 하나님이 아닌 다른 전문성으로 자신의 인생을 방어하기를 원치 않으셨습니다. 우리가 무엇인가를 투자하고, 미래를 견고하게 만들어 나갈 때, 절대 "이것이 안전 자산입니다."라고 이 시대가 말하는 것으로 자신의 인생을 방어하기를 원하지 않으신다는 것입니다.

'전문적일수록 성공한다.'라는 투자 공식에서 벗어나십시오. 인생을 살아보니 결국 전문 자격이 없이는 크게 성공하기 어렵겠다는 두려움에 사로잡힙니다. 온갖 '의사', '변호사', '회계사'와 같은 전문적인 자격증이 없으면 내 인생이 어려워진다는 생각에 빠집니다. 대학교도 학부만 나와서는 안 됩니다. 대학원도 나와야 하고, 교환학생도 가야 하며 유학도 다녀와야 합니다. 결국 공식이 생겼습니다. 더 전문적이 될수록, 더 크게 성공할 수 있습니다. 더 학벌을 많이 쌓을수록, 더 많은 돈을 벌 수 있습니다.

결국 우리 삶의 안전의 척도, 확신의 척도, 우월의 척도가 전문성이 되었습니다. 누가 더 전문적인 영역 속에 자신의 영역을 확보하느냐가 우리 인생의 목표가 되었습니다. 내 스스로 그렇게 변질되고 있는 것은 아닌지 돌아볼 수 있는 질문이 있습니다. 내 삶에 전문성을 쌓지 못하게 나를 방해했던 부분이 모두 원망의 주제가 되고 있진 않습니까? "집에 돈이 없어서 내가 유학을 못 가서 이렇게 된 거라니까.", "부모님이 예전에 공부를 열심히 안 하셨기 때문에 나도 이렇게 살 수밖에 없는 거야." 결국 전문성을 갖지 못하게 만든 내 모든 환경을 불평하게 되어 있습니다.

그렇지 않습니다. 신자들의 삶에서 전문성은 절대 이 시대에 하나님을 대체하는 우상이 되어서는 안 됩니다.

나는야 제너럴리스트(generalist)

데이비드 앱스타인이 쓴 『늦깎이 천재들의 비밀』이라는 책이 있습니다. 부제가 독특합니다. '전문화된 세상에서 늦깎이 제너럴리스트가 성공하는 이유'입니다. 그 책의 내용 중에 영국의 한 기숙 음악 학교에 대한 연구가 나옵니다. 영국 전역에서 제일 음악을 잘하는 사람들이 모이는 음악 학교에서 왜 이들은 탁월한 실력자가 되었는지 연구를 시작했습니다.

음악에 대한 전문성이라 하면 당연히 돈이 뒷받침되어야 한다는 것이 상식 아니겠습니까? 연구자들도 우리가 보통 음악을 잘하는 사람들에 대한 전제를 가지고 연구를 시작했던 것 같습니다. '집에 돈이 많고, 일찍 음악을 시작해서, 여유 있게 많은 연습을 한 학생들이 음악을 잘할 것이다.' 그런데 그 전제가 모두 깨졌습니다. 결과는 이렇게 달랐습니다.

연구진은 학교가 비범하다고 분류한 학생들이 그보다 실력이 떨어지는 학생들에 비해 음악에 관심이 덜한 집안에서 나왔으며, 음악을 더 늦게 시작했고, 학교에 들어가기 전에 음악 레슨을 받았을 가능성이 더 적었고, 입학하기 전까지 악기 연습을 한 시간이 전체적으로 적었다고, 그것도 훨씬 적었다는 결과가 나오자 깜짝 놀랐다.[3]

아니 도대체 무슨 일인가요? 부유한 집안에서 열심히 연습을 했던 사람들은 어디에 간 것입니까? 그들은 모두 '평균'에 있었습니다.

체계적인 레슨 여부를 조사했을 때, 일찍부터 아주 많은 시간에 걸쳐서 체계적인 레슨을 받았던 학생들의 실력은 예외 없이 "평균"의 범주에 들어갔다. 단 한 명도 비범한 집단에 들어가지 못했다.[4]

하나님은 내 인생 전체를 어디에 투자하십니까? 하나님은 결코 나를 '평균'에 투자하지 않으십니다. 하나님은 나를 비범한 인생으로 만들기를 원하십니다. 전문성이라는 말에 속아 평균으로 인생을 마무리하는 우를 범해서는 안 됩니다.

하나님은 오히려 내가 전문성을 갖지 못하게 하십니다. 하나님은 남들과 다른 이상한 전공을 경험하게 하십니다. 남들은 경험해 보지

---

3 데이비드 앱스타인, 『늦깎이 천재들의 비밀』(열린책들, 2020), p. 101.
4 같은 책, p. 102.

못한 산전수전을 다 겪게 하십니다. 그러다가 나타나는 것이 무엇입니까? 나만의 비범함입니다. 아무도 따라올 수 없는 전문성입니다. 이 전문성은 단순한 스펙이나 성적이 아닙니다. 하나님이 만들어 가시는 전문성이란 '내가 아니면 할 수 없는 그 무엇'입니다. 그것이 하나님이 내 인생을 만들어 가시는 투자 방식입니다.

은사와 능력의 차이

요즘 능력이나 재능이 중요하게 대두되면서, 성경에서 말하는 하나님이 주신 '은사'에 대해서도 능력으로 치환하여 이해하는 경우가 많이 있습니다. 내가 노래를 잘하는데, 더 노래를 잘하는 사람이 있으면 나는 '은사를 덜 받은' 사람이 됩니다. 내가 공부를 이 정도 하는데, 탁월하게 더 공부를 잘하는 사람이 있으면 저 사람이 '은사를 더 받은' 사람이 됩니다. 은사를 실력 혹은 능력으로 해석하는 것입니다.

하나님이 주신 은사와 능력의 차이는 무엇입니까? 능력의 목표는 정상입니다. 능력의 목표는 최고입니다. 그래서 능력은 언제나 가장 능력이 좋은 사람만 인정을 받습니다. 그러나 기억하십시오. 은사는 능력과 다릅니다. 은사는 특별한 **'위치'가 포함된 개념**입니다. 은사는 능력도 있지만, 능력 이상의 개념입니다. **적합한 위치, 적합한 상황 속에서 계획하신 하나님의 일이 포함된 재능**입니다.

은사는 여러 가지나 성령은 같고 직분은 여러 가지나 주는 같으며 또 사역은 여러 가지나 모든 것을 모든 사람 가운데서 이루시는 하나님은 같으니(고전 12:4-6).

4절의 은사가 어떻게 확장되는지 살펴보세요. 은사→직분→사역의 구조로 이루어집니다. 즉 은사를 가지고 하나님은 사람을 '직분'으로 이끌어 가십니다. 위치의 개념입니다. 그리고 그곳에서 '사역' 즉 하나님의 일을 하게 하십니다. 그러니까 은사는 '최고'를 따라가지 않고, 하나님을 따라갑니다. 은사는 '1등'을 따라가지 않고, 특별한 '위치'를 따라갑니다. 은사는 정상에서 쓰임 받는 게 아니라 적합한 위치와 적합한 직분을 찾아다니는 것입니다. 그래서 은사는 정상을 향해 가는 특성이 없습니다. 바로 그래서 하나님의 사람들은 확신해야 합니다. 하나님의 사람들은 능력이 정상이 아니라도 쓰임 받을 수 있습니다. 최고가 되지 못해도 하나님이 하실 일이 아주 많이 있다는 것입니다.

재능은 정상이 목표입니다. 위로 가는 것이 목표입니다. 무조건 더 나아지는 게 목표입니다. 그러나 은사에는 정상이라는 개념이 없습니다. 이미 정상에 계신, 머리 되신 그리스도께서 인도하시는 그곳을 찾아가는 것입니다. 위로 올라가는 게 아니라 내 자리를 찾아가는 것입니다.

적합한 곳을 하나님이 정하십니다. 각각 은사를 주시기 때문에 할 일도 각각인 것입니다. 그리스도인은 재능으로 순위를 매기는 게 아니라 개인의 임무 완수, 개인의 역할에 집중하게 됩니다.

"난 너무 애매한 것 같아."

세상 사람들도 성경의 은사의 개념을 차용하고 있는 것 같습니다. 요즘 사람들이 모두 은퇴 이후에 내가 할 일이나, 내가 부업으로 할 수 있는 일들을 찾곤 합니다. 문제는 내가 가진 재능이 모두 '애매'하다는 것입니다. 노래를 잘하지만 그렇게 잘하진 못합니다. 음식을 잘하지만 아주 탁월한 건 아닙니다. 모든 직장인이 '애매한' 실력들을 가지고 있습니다. 그래서 전문성이 없으니 내가 무엇인가 이루어 낼 수 없을 것이라는 착각입니다. 그러나 윤상훈 작가가 쓴 『애매한 재능이 무기가 되는 순간』에서는 그 전문성의 방향이 바뀌고 있음을 이렇게 지적합니다.

책에서 나오는 대표적인 예가 토익 700이 넘은 사람입니다. 공부 잘하시는 분들은 당연히 바로 이런 생각이 들 것입니다. "요즘 만점도 수두룩한데!" 맞습니다. 이게 어떻게 재능이 될 수 있다는 말입니까? 그 작가에게 토익 700점을 맞은 친구도 이렇게 말했답니다.

> "요즘 취업준비생들은 토익 점수 900점 넘는 게 흔한 일인데 나처럼 700점대 점수는 진짜 쓸모없지. 난 아무리 노력해도 800점을 못 넘더라. 그런 점

수로 무슨 영어 관련 활동을 하겠어? 사람들이 비웃을걸?"[5]

그런데 윤상훈 작가는 그의 스토리를 다르게 해석했습니다.

> 동기의 이야기를 듣다가 눈에 띄는 대목을 발견했다. 토익 점수가 800점까지는 안 오르는데, 처음 토익 시험을 치르고 3개월 만에 700점을 만들었다는 것이다. 그렇다면 좀 더 현실적으로 생각해 '3개월 만에 토익점수 700점 만들기'를 콘셉트로 잡아 커뮤니티를 운영하거나 글을 써 보는 건 어떨지 제안했다. 승진 평가, 공기업 지원, 자격 시험 지원 기준 등을 보면 800~900점까지는 필요 없고 700점만 돼도 통과되는 경우들이 꽤 많다. 오히려 높은 점수를 받는 노하우보다는 빠르게 700점을 만드는 법을 궁금해하는 사람들도 충분히 있을 법했다.[6]

저는 이 이야기를 읽으면서 성경이 말하는 은사의 시각이 떠올랐습니다. 결국 나의 재능을 다르게 활용하면 독특한 위치에서, 독특한 역할을 할 수 있다는 뜻 아니겠습니까? 바로 이것입니다. 내가 전문화된 시대에서 특정한 스펙이나 자격증을 갖지 못했다고 두려워하지 마십시오. 그래서 하나님은 나를 의도적으로 전문적이지 못하신 곳에 두실 때가 있습니다.

---

5   윤상훈, 『애매한 재능이 무기가 되는 순간』(와이즈베리, 2021), p. 40.
6   같은 책, p. 40.

회사를 다니다가 목사가 되어 보니

저는 경영학과를 졸업하고 회사를 다니다가 목사가 된 사람입니다. 그러다 보니 여러 측면에서 신학을 미리 공부하지 못한 부족함이 있다고 생각했습니다. 신학대학원에 입학해서 다른 사람보다 더 많은 것을 공부하고, 더 많이 학습하려고 노력한 것 같습니다. 신학적인 지식에 탁월한 동료 전도사님을 만날 때면 나 자신의 부족함을 자책했던 적도 많습니다.

개척을 하고 나서, 저는 단단한 신학 실력을 갖추어야 우리 성도분들께 많은 은혜를 끼칠 수 있다고 생각했습니다. 그런데 성도님들의 반응은 달랐습니다. 제가 이끌어 가는 모임이나 예배를 참석하신 분들은 모두 제가 직장에서 일한 경험이 있어서 좋다고 말씀하셨습니다. 성도들이 삶 속에서 무슨 고민을 하는지, 얼마나 치열하게 돈을 버는지 아는 것 같아서 고맙다고 말씀하셨습니다.

저는 그때 깨닫게 되었습니다. 어떤 영역에서 단순히 남들이 말하는 전문성을 가지고 쓰임 받는 것이 아니라는 사실을 말입니다. 하나님은 나의 독특한 은사가 발현되는 곳에 내 인생을 심으십니다. 그곳이 하나님의 투자처입니다. 하나님이 내 인생을 어디에 투자하시는지 꼭 기억하십시오. 하나님이 내 인생을 심으시는 곳은 전혀 '전문적이지 않은 곳'입니다.

하나님의 투자처 3: 가까운 곳

마지막으로 하나님의 투자처는 바로 '가까운 곳'입니다. 이 시대는 우리가 갈 곳이 저 멀리에 있다고 속입니다. 그러나 하나님의 약속은 언제나 우리의 가까이에서 시작됩니다.

이에 베드로가 그를 보고 예수께 여짜오되 주님 이 사람은 어떻게 되겠사옵나이까 예수께서 이르시되 내가 올 때까지 그를 머물게 하고자 할지라도 네게 무슨 상관이냐 너는 나를 따르라 하시더라 (21-22).

베드로는 옆에 있던 제자의 먼 미래가 궁금했습니다. "저 사람의 운명은 어떻게 됩니까? 저 사람은 나중에 어떤 일이 벌어지겠습니까?"라는 대답에, 예수님은 "나를 따르라."라고 대답하십니다. 이런 말입니다. "바로 네 눈앞에 내가 보이지 않니? 지금 나를 앞에 두고 무슨 일에 관심을 갖는 거니? 지금 보이는 나만 믿고 따라와라." 하나님은 우리의 시선을 언제나 바로 지금, 가까운 곳에 위치시키십니다.

미시적으로 속도를 올려라

게리 베이너척(Gary Vaynerchuk)이라는 분이 계십니다. 트위터, 텀블러, 우버를 발견한 투자자로 유명하기도 합니다. 미국의 젊은이들도 자신의 인생 전체를 어디에 투자해야 할지 많이 고민이 됐나 봅니다. "졸업을 앞둔 젊은이들에게 어떤 조언을 해주고 싶은가?"라는 질문에, 그는 이렇게 대답합니다.

거시적으로는 인내하고, 미시적으로는 속도를 올리라고 말해 주고 싶다. 앞으로 다가올 '8년'에 신경 쓰기보다는 바로 코앞의 '8일'에 더 집중하는 삶을 살기를 바란다. 대체로 사람들은 25살에는 뭘 해야 하지? 지금부터 이걸 준비하는 게 좋겠지? 같은 질문에 매달린다. 하지만 몇 년 뒤의 일에 몹시 신경 쓰고 나면 지금 당장은 넷플릭스 드라마나 보고 있다. 25살에 생길 일을 22살부터 엄청나게 걱정하지만 매주 목요일 저녁 7시에는 술을 진탕 마시고, 비디오게임을 하고, 〈하우브 오브 카드〉를 본다. 그리고 매일 인스타그램 피드 화면을 들여다보면서 4시간 반을 허비한다. 다들 거시적으로는 참을성이 없으면서 미시적인 부분에서는 지나치게 참을성을 발휘한다. 몇 년 뒤의 일은 태산같이 걱정하면서 당장의 시간은 그냥 흘려보낸다.[7]

이해되십니까? 우리는 모두 거시적으로 너무 급하고, 미시적으로는 너무 너그러운 사람들입니다. 하나님은 내게 하나님 나라를 주시겠다고 약속하셨습니다. 그러나 그 전체를 보여 주지는 않으십니다. 하나님은 오늘의 현실을 주십니다. 우리는 지금 그 일을 잘해야 합니다.

---

[7] 팀 페리스, 『지금 하지 않으면 언제 하겠는가』(토네이도, 2018), p. 88.

휴학으로 시간을 허비하다

특히 이 글을 읽는 젊은 대학생분들이 있다면 권면하고 싶습니다. 너무 먼 진로의 고민을 하다가, 지금 현재 닥친 일들에 대한 속도를 줄이지 마세요. 더 구체적으로 표현하자면, 휴학을 함부로 하면 안 됩니다.

대학생일 때 얼마나 고민이 많습니까? 저는 대학교 3학년 때 진로를 고민하느라 정말 너무 힘들었던 기억이 아직도 생생합니다. 그럴 때마다 대학생들은 '좀 쉬면서', 혹은 '기도하면서' 미래를 고민해야겠다고 생각할 때가 많습니다.

하지만 기억하세요. 대학은 터널입니다. 터널은 빨리 지나가야 합니다. 빨리 벗어나야 하는 곳입니다. 터널 안에서 고민을 오래 한다고 터널 밖의 일들을 더 잘 감당할 수 있는 것이 아닙니다. 세상이 두려워서, 무언가를 좀 더 확실히 하기 위해 미시적인 속도를 줄이진 마세요. 빨리 학점을 채우고, 빨리 졸업하고, 빨리 현장 경험을 시작하는 것이 좋습니다. 미시적인 속도를 높이는 것이 하나님의 젊은이들이 해야 할 일입니다.

평신도로 전도하다가

많은 사람이 저에게 개척교회를 어떻게 시작했느냐고 묻습니다. 저는 학부도 신학과를 나오지 않았기 때문에 '개척'이라는 단어 자체가 생소했던 사람입니다. 개척을 의도하지도 않았습니다. 그러나 하나님이 제 인생에 미시적으로 주셨던 마음 한 가지가 있었습니다. 바로 '전도'였습니다. 군대에 가서도 전도하고, 대학교에서도 전도하고, 직장에서도 많은 사람들에게 복음을 전하려 노력했습니다. 그러다 보니 평신도임에도 불구하고 직장을 다닐 때 10명 이상의 지인들이 제가 다니는 교회에 출석하며 함께 예배했습니다.

어느 날 제가 목회를 해야겠다는 소명을 받았을 때, 저는 처음에 다른 교회에서 파트 사역자로 사역을 시작하려고 했습니다. 그런데 문제가 생겼습니다. 전도했던 친구들이 저에게 물었습니다. "그럼 우리는 어떻게 되는 거야?" 저는 그 질문에 답을 하지 못했습니다. 만약 다른 교회에서 새롭게 사역을 한다면, 영혼을 살리려고 시작하는 것인데 오히려 내가 지금 전도해서 챙기고 있는 영혼들을 챙길 수 없게 되는 모순적인 일이 벌어지는 것이었습니다. 이런 고민 중에 한 성도님이 제게 "우리끼리 작게 시작해 보자."라는 제안을 주셨습니다. 그렇게 시작된 것이 지금의 한사람교회가 되었습니다.

저는 한 번도 먼 곳을 바라보며 '한국교회를 변화시키는 개척교회를 세울 거야.'라는 생각을 한 적이 없습니다. 그냥 바로 앞에 보이는 사람을 전도했을 뿐입니다. 저는 한국교회의 트렌드가 어떤지도 잘 모르고, 어떻게 될지도 잘 모르겠습니다. 그러나 한 가지는 확실합니다. 하나님은 분명 제 인생을 향한 거시적인 계획을 가지고 계셨습니다. 그리고 그것을 모두 제게 알려 주시지는 않으셨습니다. 앞으로도 그러실 것이라고 생각합니다.

그러나 지금 저에게 주신 미시적인 일들이 있습니다. 저는 그곳에 속도를 더 높이고 싶습니다. 지금 주신 기회들을 놓치지 않고 감당할 때, 미래 투자의 열매도 풍성하게 걷힐 것을 믿습니다.

우리는 그가 만드신 바라 그리스도 예수 안에서 선한 일을 위하여
지으심을 받은 자니 이 일은 하나님이 전에 예비하사 우리로 그
가운데서 행하게 하려 하심이니라(엡 2:10).

크리스천의 투자노트

1. **나에게 투자하라.**

   밖에서만 투자처를 찾아서는 안 된다. 하나님은 내 인생 자체에 투자하신다.

2. **하나님의 투자처는 따로 있다.**

   [비자발적인 곳]: 내가 원치 않는 곳에 내 인생을 투자하시어 열매를 거두신다.
   [비전문적인 곳]: 이 시대에 전문성을 하나님을 대신하는 방패로 삼아서는 안 된다.
   [가까운 곳]: 지금 여기 내게 주신 기회를 활용하라

3. **은사와 능력의 차이를 구분해야 한다.**

   능력은 정상을 추구한다. 그러나 은사는 위치를 추구한다.
   능력이 최고가 아니어도, 하나님이 주신 위치에서 얼마든지 쓰임받을 수 있다.

7. 무엇을 중심으로 살아야 할까

사도행전 2:46-47

왜 그곳에 살게 되셨나요?

우리가 이렇게 투자에 고민해야 하는 이유가 무엇일까요? 첫 번째 목적은 '방어'입니다. 경제 상황의 변화에 따라서 나의 개인적인 인생이 너무나 큰 영향을 받습니다. 그래서 돈을 더 번다기보다는 하나님이 내게 주신 자산을 지혜롭게 '지켜내기 위함'입니다. 부동산 시장의 변화를 알았던 사람과 그렇지 못한 사람의 자산에는 차이가 분명히 있습니다. 결국 집값 때문에 내가 사는 곳, 내 자녀가 다니는 학교, 내 통근 시간이 모두 바뀝니다. 이런 사실에도 불구하고 투자와 관련한 일들이 신앙생활과 관련이 없다고 말하는 것은 기만적인 자세입니다.

두 번째 목적은 '자산의 증가'일 것입니다. 하나님이 내게 주신 자산을 잘 방어할 뿐만 아니라, 조금 더 지혜롭게 행동하여 하나님이 내게 주신 자산을 30배, 60배, 100배 증가시킬 수 있다면 그것이야말로 적어도 경제적인 부분에서는 '충성된 종'이라고 할 수 있습니다.

이 두 가지 목적은 굳이 교회를 다니지 않는 사람도 큰 틀에서 동의하고 이해할 수 있는 부분이 있으리라 생각합니다. 하지만 그리스도인에게만 존재하는 투자의 세 번째 목적이 있습니다. 주식도, 부동산도, 코인도 다 좋은데, 내가 돈을 벌기 시작하고, 중요한 결정들을 내릴 때 신앙인만이 고려해야 할 특별한 요소가 있다는 것입니다. 그것은 바로 '교회'입니다.

"목사님, 저희 이사 가요."

제가 개척한 지 얼마 되지 않아서 목동에서 건강하게 목회하시는 노회 목사님을 만나 뵌 적이 있습니다. 우리 교회가 앞으로 어떤 것을 준비하면 될지 지혜를 물었습니다. 그런데 뜬금없이 이상한 말을 내뱉으셨습니다. "서창희 목사님, 앞으로 목사님께서 시무하시는 교회의 신혼부부들이 교회를 떠날 수도 있다는 것을 염두에 두면 좋겠어요." 저는 여러 가지 격려와 조언을 듣고 싶었는데 갑자기 성도가 교회를 떠난다는 것을 이야기하시니 저를 괜히 겁주시는 줄 알았습니다.

하지만 이유를 들어 보니 전적으로 공감할 수밖에 없었습니다. 그 교회에서 오래 섬기던 청년들이 결혼을 하게 되었답니다. 그리고 서울에서 집을 구해 살면서 맞벌이를 하고 있었는데, 이제 자녀가 생겼다는 것입니다. 자녀를 키우기 위해서는 좀 더 넓은 평수의 집이 필요했는데, 그들이 가진 자금으로는 서울에 집을 구하기가 역부족이었습니다. 자녀를 위해서는 평수가 넓은 아파트, 산책하기 편안한 단지, 안전한 학군들이 필요했기 때문이지요. 그래서 그들은 경기도 외곽의 신축 아파트로 이사를 가기로 결정했답니다.

그 부부가 교회를 떠난다는 말에 안타까운 마음이 목사님의 표정에 드러났나 봅니다. 그 부부는 오히려 그 목사님을 안심시키면서 말했습니다. "목사님! 걱정하지 마세요. 저희는 교회 자체를 떠나는 게 아니에요. 하나님과 멀어지겠다는 말이 아니랍니다. 그곳에 가서도 열심히 아파트 앞에 있는 교회를 섬길 거예요! 그 교회는 훨씬 크고 시설도 잘되어 있는 건강한 교회여서 걱정하지 않으셔도 돼요 목사님!"

목사님은 영적으로 시험에 들어서 교회를 떠나는 것이 아니라는 말에 내심 안도하면서도, 이렇게 지역교회를 쉽게 옮기는 것이 신앙적으로 건강한 것인지 내적인 고민을 하게 되셨답니다. 그런 고민 중에 서울에서 개척하여 사역하고 있는 저의 모습을 보시니까 그 고민이 입 밖으로 나오게 된 것이죠.

교회 중심의 삶

우리는 하나님을 어떻게 만날 수 있을까요? 그리고 하나님은 하나님의 뜻을 이 땅에 어떻게 펼쳐 보이실까요? 하나님께서 수단으로 삼으신 곳은 교회, 다시 말해 지역교회입니다. 하나님은 내가 등록하고 섬기는 지역교회 목회자를 통하여 내게 말씀을 주시고, 내가 섬기는 교회를 통해서 하나님의 뜻을 펼쳐나가십니다.

그러므로 그리스도인들이 투자를 할 때, 특히 부동산을 생각할 때 고려해야 할 것 중의 하나가 바로 '교회와의 거리'입니다. 단순히 교회와 최대한 가까운 곳에 살라는 말이 아닙니다. 내가 지역교회의 예배와 사역에 적극적으로 참여하며, 그들의 공동체에 속하여 풍성한 교제를 유지할 수 있는지가 투자의 핵심적인 요소 중의 하나가 되어야 한다는 말입니다. 케빈 드 영 목사님은 『왜 우리는 하나님의 인도를 바르게 받아야 하는가』라는 책에서, 현대인들이 이 부분을 간과하고 특히 도시인들이 이런 부분에 있어서 별로 죄라고 느끼지 못하는 불순종의 문제를 이렇게 지적합니다.

> 또한 직업을 택하는 곳에 출석할 수 있는 교회들이 있는지를 고려해 보아야 할 것이다. 애석하게도 이것은 대부분의 그리스도인들이 거의 고려하지 않는 성경에 관한 불순종의 한 부분이다. 새로운 직업을 택하기 전에 우리는 월급, 혜택, 학군, 출퇴근 시간 그리고 문화 설비를 본다. 그러나 그 외에 모든 것이 다 맞아떨어지더라도 그 지역에 좋은 교회가 없다면 계시된 하나

님의 뜻 즉 성화가 어떻게 잘 이루어질 것인지를 상상하기는 힘들다. … 단지 안전이나 당신 집의 재매각 가치나 학교 제도만을 생각하지 말라. 당신이 어떤 사역을 할 수 있으며, 어떤 교회의 일원이 될 수 있으며, 적당한 운전 시간으로 그곳에 갈 수 있는지 없는지에 대해 생각하라. 성경을 읽으면 읽을수록 당신의 사고는 더 많이 변화될 것이고, 이런 종류의 문제들이 당신에게 더 중요하게 될 것이다.[1]

내가 그 부동산에 투자하는 이유는 무엇입니까? 나는 왜 그곳에 집을 구하려고 합니까? 앞으로의 집값 상승 가능성, 개발 호재, 학군, 출퇴근 시간 등의 여러 가지 요소가 있을 것입니다. 그러나 그런 것들보다 우선해서 투자를 결정해야 하는 첫 번째 요소는 바로 교회입니다. 내가 언제든지 가서 기도하고, 편하게 예배하고, 언제든지 교회 공동체를 이루는 데에 부담이 없는 거리와 환경인지를 고려해 봐야 합니다.

월세에 살 때부터

돈을 모아서 나중에 내 집을 살만한 여유가 될 때야 그런 고민을 시작하면 된다고 생각할 수 있습니다. 그렇지 않습니다. 내가 월세를 내면서 사는 원룸을 계약할 때부터 생각의 중심이 달라져야 합니

---

[1] 케빈 드 영, 『왜 우리는 하나님의 인도를 바르게 받아야 하는가』(부흥과개혁사, 2017), p. 132-33.

다. 청년들이 보통 어디에 원룸을 구하나요? 학교 앞이나, 회사와 가까운 곳에서 방을 구하는 경우가 많습니다. 하지만 그곳에 방을 구하면 예배와 신앙생활은 어떻게 변화될지 생각해 본 적이 있으신가요? 무조건 교회와 가까이 살고, 무조건 학교와 직장은 무시해야 한다는 말이 결코 아닙니다. 나의 생활 중에 교회와의 물리적인 거리, 실제적인 근접성을 확보하지 못하면 교회로부터 부어지는 하나님의 은혜와 멀어지게 될 수밖에 없다는 말입니다.

많은 사람이 하나님의 뜻대로 살고 싶다고 말합니다. 이 책을 읽는 분들 중에 하나님의 뜻을 찾지 않는 분이 누가 있겠습니까? 하지만 내가 어디에 거주할지를 생각하는 측면에서는 실제로 인생을 움직이는 기준이 하나님이 아니라 다른 것이 중심이 될 때가 많이 있습니다. 내가 하나님의 뜻을 구하고, 하나님의 뜻을 중심으로 살아야 한다는 말은 내가 어디에 살지, 앞으로 어디에 투자할지를 생각할 때도 적용되어야 합니다.

한사람교회 이야기

저는 제가 섬기는 한사람교회의 청년들에게 '교회 중심'의 생활 방식을 고려할 것을 꾸준히 권합니다. 우리 교회에는 여러모로 출퇴근이 서울 전역에 퍼져 있는 직장인들이 많습니다. 그럼에도 불구하고 저는 원룸을 구할 때, 혹은 신혼집을 구할 때 예배드리러 나오기 쉽고 성도들과 교제하기 쉬운 곳에 집을 정하라고 이야기하곤 합니다.

우리 교회는 관악구 봉천동에 위치하고 있습니다. 소위 말해 둘째 가라면 서러울 '달동네'였던 지역입니다. 그러므로 언덕도 많고, 신혼들이 살만한 곳이 많지 않기도 합니다. 이런 곳에서 목회하는 저와 우리 교회 목회자, 리더진들은 거의 공인중개사 수준이 되었습니다. 성도들이 제대로 살 수 있는 집을 마련하도록 도와주고, 매물을 직접 알아봐 주기도 합니다.

또한 성도들끼리 부동산 거래가 일어나기도 합니다. 제가 살던 집은 현재 우리 교회 성도가 이어받아서 살고 있습니다. 외국으로 장기간 주재원으로 나가야 했던 어떤 성도의 집에 다른 성도가 시세보다 낮은 금액에 전세 계약을 맺어서 들어가기도 했습니다. 성도 간의 부동산 거래가 일어나고 있습니다. 이유는 하나입니다. 예배의 자리와 최대한 가까이 있기 위해서입니다. 기도의 자리를 가까이에서 확보하고 싶어서 그렇습니다. 성도와의 교제가 충분하게 일어날 수 있게 만들기 위해서입니다.

목사인 저마저도 관악구와는 전혀 인연이 없었습니다. 그러나 제가 여기에 교회를 개척했으니 목사부터 이 지역을 사랑하고, 이 지역을 섬기는 게 맞다고 생각했습니다. 제 친구들은 모두 신혼을 맞아 경기도에 신축 아파트로, 더 넓은 평수와 좋은 환경으로 떠났습니다. 하지만 저는 신혼집을 교회 근처에 구했습니다. 그리고 제가 전도했고, 저와 함께 사역하고 있는 우리 교회 교역자는 저의 바로 앞집에 살고 있습니다. 모두 교회와 5분 거리입니다.

가까워서 벌어지는 일들

이를 이어서 수많은 청년들이 이 주위에 원룸을 구했습니다. 이어서 이 주위에 전세를 구했습니다. 나아가 이 주위에 집을 매매하여 살기 시작했습니다. 교회 중심으로 사람들이 부동산을 구하기 시작하니 나타난 일이 무엇인지 아십니까? 교회의 모임과 예배가 살아나기 시작했습니다. 주일 예배가 끝나면 가정을 오픈하여 함께 교제하고 삶을 나누었습니다. 예배뿐만 아니라 평일에도 퇴근 후 함께 모이고 식사하며 교제하기 시작했습니다. 아이를 낳는 청년들이 많아지기 시작했는데, 아이들을 서로의 가정에 데려와 육아를 도우며 소위 말하는 '공동육아'가 가능해졌습니다. 밤에 잠깐 서로의 집에 놀러 가서 아이를 봐주기도 하고, 물건을 나누기도 합니다. 왜 이런 일이 가능합니까? 교회를 중심으로 모여 살기 때문에 가능한 일입니다. 모두 가까워서 가능한 일입니다.

현재 우리 교회의 약 40% 정도의 성도는 교회 근처에 모여 살고 있습니다. 특히 교회의 핵심적인 멤버들이 교회 근처에 모여 사니, 그를 따라서 교회 주변에 집을 구하는 사람들이 늘어나고 있습니다.

투자를 고려하는 분들께 묻겠습니다. 내가 궁극적으로 내 인생을 투자하여 얻고자 하는 것이 무엇입니까? 도대체 무엇을 누리고 싶은 것입니까? 하나님의 사람들이 평생에 추구해야 할 영광 중의 하나는 교회를 통해서 부어주시는 하나님의 영광입니다. 교회를 통해 나타나는 부흥입니다. 평생 그것을 사모하십니까? 그렇다면 교회 중심으로 투자해야 합니다. 그것은 나의 거주지를 결정할 때, 이사를 고려할 때 분명한 영향을 미칠 수밖에 없습니다.

> 날마다 마음을 같이하여 성전에 모이기를 힘쓰고 집에서 떡을 떼며 기쁨과 순전한 마음으로 음식을 먹고 하나님을 찬미하며 또 온 백성에게 칭송을 받으니 주께서 구원 받는 사람을 날마다 더하게 하시니라(46-47).

지역성이 있는 삶

바울의 서신서를 보면 곳곳에서 그 서신을 보내는 그리스도인들의 지역성이 잘 드러납니다.

> 로마에서 하나님의 사랑하심을 받고 성도로 부르심을 받은 모든 자에게 하나님 우리 아버지와 주 예수 그리스도로부터 은혜와 평강이 있기를 원하노라(롬 1:7).

> 그리스도 예수의 종 바울과 디모데는 그리스도 예수 안에서 빌립보에 사는 모든 성도와 또한 감독들과 집사들에게 편지하노니(빌 1:1).

> 하나님의 뜻으로 말미암아 그리스도 예수의 사도 된 바울은 에베소에 있는 성도들과 그리스도 예수 안에 있는 신실한 자들에게 편지하노니(엡 1:1).

모든 서신은 그 지역에 특수한 상황과 처지에 맞게 작성되었습니다. 로마 성도들의 어려움이 있었습니다. 빌립보 지역만의 특색이 있었습니다. 에베소만의 어려움이 있었습니다. 그들이 공통적으로 듣고, 공통적으로 고민하는 부분들에 대해서 바울의 서신을 통해 하나님은 말씀을 주셨습니다.

저는 마찬가지 현상이 오늘날의 교회에도 나타나야 한다고 생각합니다. 내가 특정한 교회를 섬기게 되는 것은 결코 우연이 아닙니다. 그냥 집에서 가깝다고, 유명하다고 해서 나의 교회가 되는 것은 아닙니다. 우리가 직장이나 학교를 들어갈 때 '이곳은 하나님께서 보내신 곳이야.'라는 확신을 느낄 때가 있는 것처럼, 교회를 정할 때도 그런 고민을 해야 합니다.

지역교회 목회자를 통해 하나님의 말씀이 들려오는 곳, 교회 공동체에 내가 적극적으로 참여할 수 있는 곳, 내 시간과 거처를 활용하여 교회 구성원들과 교제할 수 있는 곳인지 고민해야 합니다. 그때 내게 보내신 그 지역교회가 성장할 뿐만 아니라, 그 교회를 통해 나 자신의 신앙도 성장할 수 있습니다.

가까워야 한다

도시 경제학 교수인 에드워드 글레이저 교수님이 계십니다. 이분은 『도시의 승리』라는 책으로 많이 알려지게 되셨는데, 최근 『도시의 생존』이라는 새로운 책에서 도시를 설명하며 근접성의 중요도를 역설합니다. 요즘 코로나 이후 재택근무와 비대면 업무들이 늘어나고 있는데, 오히려 중요한 일들은 결코 그렇게 이루어질 수 없다는 주장입니다.

근접성이란 물리적인 거리의 부재를 의미한다. 도시는 연결 비용을 줄이기 위해 존재하며, 그렇기에 도시의 운명은 운송 기술에 따라 결정된다. 사람이나 상품 또는 아이디어를 이동시키는 능력이 바뀌면 도시의 물리적 근접성에도 영향을 미친다.[2]

그는 엘빈 토플러의 예측은 틀렸다는 것을 이야기하는데, 토플러가 '기술 발전이 대면 접촉 혹은 사람들 사이의 접촉을 용이하게 하는 도시를 없애버릴 것'[3]이라고 주장한 내용이 거짓이었음이 나타났다는 것입니다. 그 단적인 예는 실리콘밸리였습니다.

업무의 성격이 바뀌면서 더 많은 사람, 특히 실리콘밸리에 있는 사람들은 대면 소통을 통해야만 하는 어렵고 협력적인 일을 하게 되었다. 문제가 복잡해질수록 비대면 상황에서는 놓칠 수밖에 없는 미묘한 차이가 늘어난다. 실시간 대면 소통 과정에서 제공되는(비대면 과정에서는 도저히 파악할 수 없는) 추가적인 힌트나 암시는 더욱 중요해졌다.

---

2 에드워드 글레이저·데이비드 커틀러, 『도시의 생존』(한국경제신문, 2022), p. 292-93.
3 같은 책, p. 311.

복잡한 내용을 소통할 때는 토플러의 표현을 빌리자면 "대면 접촉에 수반되는 모든 잠재적이고 비언어적인 의사소통 수단"이 도움이 된다. 예를 들어 기하학의 기본 정리를 증명하는 방법을 이메일로 누군가에게 가르친다고 생각해 보자. 한 연구에 따르면 영국 맨체스터에서 긴급전화에 대응하는 데 걸리는 시간이, 그 전화를 받는 사람과 경찰을 출동시키는 사람이 같은 방에 있을 때 더 짧았으며 두 사람 사이의 거리가 가까울수록 더 짧았다.

… 공동 저자들 대부분은 같은 도시나 같은 건물에 있었으며 이들 사이에 많은 대면 접촉이 이뤄졌다. 심지어 함께 일할 때조차도 생산성이 높아지려면 실시간 대면 접촉을 하고 데이터와 초고를 전자적인 방식으로 공유해야 한다. 증거에 따르면 근접성은 품질에 중요하게 작용한다. 공동 저자들이 함께 작성한 논문은 이들이 같은 건물에 있더라도 연구실이 가까이 있을수록 더 많이 인용되었다.[4]

성경이 이야기하고, 성경 밖의 사람들도 근접성에 동의하고 있습니다. 교회에서 하는 일은 중요한 일입니까? 전도는 중요합니까? 함께 모여 기도하는 것은 중요합니까? 성도의 교제는 중요합니까? 그렇다면 중요하면 가까이에서 해야 한다는 것에도 동의하시나요? 교회와의 근접성에 투자하는 것이 인생 최고의 투자입니다.

4　같은 책, p. 313-14.

중심이 교회가 아닌 사람들

저는 지역성이 인생에서 투자해야 할 핵심적인 가치라는 것을 친구들을 통해서 배웠습니다. 제 주변에는 벤처로 대박을 꿈꾸며 대학생 때부터 창업을 향해 달려가는 친구들이 있었습니다. 그들의 인생에 목표가 생길 때 나타나는 현상이 무엇인지 아십니까? **지역성이 바뀌는 것**입니다. 우리 교회 교역자 한 분은 벤처기업 출신입니다. 그의 사무실은 역삼에 있었습니다. 그는 사무실에서 먹고 자고 했습니다. 사무실이 그의 집이었습니다. 왜 그렇습니까? 벤처의 성공이 내 인생의 중심이 되었기 때문입니다. 인생의 중심이 무엇이냐에 따라 그의 지역성이 달라집니다.

우리 교회에는 자격증 취득을 위해서 서울에 올라온 분들이 많이 있습니다. 어디에 사냐고 물어 보면 다 강남과 노량진 근처에 있다고 합니다. 왜 그렇습니까? 그곳이 내 중심 가치가 있는 곳이기 때문입니다. 그곳에서 지지고 볶아야 합격의 가능성을 훨씬 더 높일 수 있기 때문입니다.

어떤 교회가 사람들을 전도하고, 지역을 섬기고, 부흥을 향해 나아가기 위한 인간적인 조건을 찾는다면, 바로 성도들의 삶이 교회 중심이어야 한다는 점입니다. 학교나 직장 근처에 나의 거처를 구하는 것이 결코 잘못되었다는 것이 아닙니다. 한 교회가 성장하고, 공동체가 견고하게 세워지고, 충만한 교제가 나타나기 위해서는 교회를 중심으로 헌신하는 세대가 일어나야 한다는 말입니다.

지역이 살아난다

한 지역에서 공통의 신앙을 가진 교회가 세워지기 시작하면 그 지역의 변화를 훨씬 더 강력하게 이끌어 낼 수 있습니다. 우리 교회는 구제헌금의 상당한 부분을 지역을 섬기는 데에 사용하기로 했습니다. 물론 구제라는 것은 지역을 넘어 세계로 나아가야 할 부분도 있겠지만, 지역성이 강한 교회일 경우 그 지역의 작은 필요들을 훨씬 더 세밀하게 챙길 수 있습니다.

교회 주변의 지역아동센터와 수시로 연결하여 장학금을 지급하고, 추수감사절이나 부활절, 성탄절의 구제헌금은 모두 지역의 어려운 학생들과 가정들을 돕는 데 사용하고 있습니다. 자연스럽게 관악구 주변의 학교와 비영리 조직과 친밀한 교분을 쌓게 되고, 필요에 따른 지원이 신속하게 이루어지고 있습니다.

작은 개척교회도 이 정도의 영향력을 나타낼 수 있는데, 그 지역에 규모 있는 여러 교회 성도들 안에 지역성이라는 DNA가 자리잡혀 있다면 어떨까요? 학군을 위해, 아파트 평수를 위해, 청약을 위해 언제든지 이사를 할 수 있다는 생각은 결코 하나님이 주신 생각이 아닙니다.

학군보다 중요한 것이 '교군'입니다. 같은 교회에 출석하는 성도들이 무리 지어 삶의 터전을 꾸리는 것은 무엇보다도 지역에 좋은 영향력을 미칠 수 있는 하나님의 무기가 됩니다.

가까이 살게 만들기

미래에 무슨 결정을 하든지 교회는 나의 영적인 충만함의 생명줄입니다. 그렇다면 교회에 가까이만 살면 다 되는 것입니까? 많은 사이비 단체들이나 이단들도 비슷한 일들을 많이 합니다. 그들은 가까이 사는 정도가 아니라 아예 집단생활을 추구합니다. 그들의 조직에서 일어나는 일에만 집중하기 위해서입니다.

그러나 그리스도인들의 지역성은 교회에만 국한되지 않습니다. **그리스도인들의 지역성은 확장되어야 합니다.** 그리스도인들은 '교회 안'에서 일어나는 일에만 집중하기 위해서 교회 중심의 지역적 사고방식을 갖는 것이 아닙니다. 오히려 **'교회 밖'에서도 하나님의 원하시는 가치를 추구할 수 있도록** 하려는 것입니다.

하나님이 우리의 인생에서 가치 있게 투자하기를 원하시는 것 중의 몇 가지를 꼽으라면 '결혼', '가족', 그리고 '자녀'입니다. 요즘 결혼이 쉽습니까? 결혼이 왜 어렵습니까? 보통 부동산 때문, 돈 때문이라고 합니다. 그럼 돈이 생겼다고 해봅시다. 그렇다고 자녀 낳기는 쉬운가요? 돈도 문제이지만, 맞벌이를 하면서 키울 엄두가 나지 않습니다. 그러니까 내 인생은 아주 명확합니다. 미래를 위한 투자를 몇 가지만 잘못하면, 결혼, 가족, 자녀 등 하나님이 가치 있게 여기시는 부분에 투자 성과를 거둘 수 없는 구조적인 어려움에 빠질 수 있습니다. 이것을 명심하고 투자 계획을 세워야 합니다. 나는 투자해서 돈을 잘 벌려고 부동산을 구하는 것이 아닙니다. 그냥 교회 근처에만 산다고 다 되는 것이 아닙니다. 나는 하나님이 원하시는 가치를 구현하기 위해 내 미래를 준비하는 것입니다.

하나님이 원하시는 결혼, 가족, 자녀에 대한 투자를 성공적으로 준비하기 위해 가장 중요한 미래의 투자 전략 중의 하나는, 우리의 가족과 부모님을 우리가 사는 곳 주변에 거주하시도록 하는 것입니다. 결혼하면 자녀를 하나둘 낳게 됩니다. 그리고 가정마다 경제 상황이나 출퇴근 환경이 모두 다르기 때문에 자신들이 구한 집으로 뿔뿔이 흩어지기 마련입니다. 중고등학교나 대학교 때 친했던 관계도 이젠 다 끝입니다. 나는 이제 나의 남편 혹은 아내와 함께 자녀를 키우며 돈을 벌고 살아야 합니다.

여기서 많은 신혼들의 어려움이 시작됩니다. 육아가 이렇게 어려울 줄은 몰랐거든요. 맞벌이하면서 애를 키우기가 이렇게 어려운 줄 몰랐습니다. 급한 일이라도 생기면 누가 내 아이 좀 맡아줬으면 좋겠는데, 누구에게 부탁할 곳이 없습니다.

그제야 깨닫게 됩니다. 급하게 부모님께 좀 도와 달라고 말씀드립니다. 하지만 부모님이 수시로 도와주러 오시기엔 너무 먼 지방에 살고 계십니다. 부모님이 오시는 것도 한두 번이지, 도와줄 사람이 없어서 결국 아이를 봐줄 베이비 시터나 등하원 도우미를 구하게 됩니다. 그렇게 지출이 늘어갑니다. 자녀 양육은 더 어려워집니다.

이 시대의 모든 사회 구조는 갈수록 결혼과 자녀 양육을 어렵게 만들고 있습니다. 그리고 결혼과 자녀를 불필요한 것으로 여기기도 합니다. 그게 시대적인 현상입니다. 그렇다면 하나님이 중요하게 여기시는 가치임에도 불구하고, 사회 현상이 그러니 그냥 포기해야 하겠습니까? 오히려 전략적으로, 젊었을 때부터 인생의 투자 구조를 점검하는 것이 필요합니다. 앞의 장과 연결 지어서 요약하자면, 젊었을 때의 가장 큰 지출은 무조건 실거주할 집이 우선이 되어야 합니다. 그 집은 또한 내가 헌신할 교회와의 거리가 고려되어야 합니다. 그리고 내 집 근처에 인생을 동역할 수 있는 친구와 가족을 가까이 두도록 하세요. 인생에 이것만큼 중요한 투자가 없습니다.

할머니는 인류의 '에이스 카드'

지방에 있는 부모님들은 보통 이사를 싫어하십니다. 내가 평생 살아온 곳에서, 여유 있는 곳에서 그냥 노년을 즐기길 원하십니다. 명절이 되면 도시에서 일하는 젊은 자녀들이 부모를 위해 지방에 내려가야 합니다. 명절이 아닌 평소에는 뵙기가 어렵습니다. 그렇게 고착화되어 갑니다. 그러나 하나님이 원하시는 교회, 가정, 자녀의 가치를 지키기 위해서는 조부모의 역할이 무엇보다 중요해지는 세대가 되었습니다.

세라 브래퍼 허디가 쓴 『어머니, 그리고 다른 사람들』이라는 책이 있습니다. 진화론에 근거하여 인류를 분석한 책이긴 하지만, 상당한 통찰이 있습니다. 인간은 스스로 독립하여 자랄 때까지 시간이 오래 걸려서 누군가의 도움이 필요하기 마련인데, 그렇다면 도대체 누가 그 인간을 모두 길렀냐는 질문입니다. 이 책의 큰 결론 중의 하나는 자녀가 길러지는 데에 '엄마 혼자만으로는 힘들다.'라는 것입니다. 그렇다면 엄마가 아닌 누가 함께해야 그들을 제대로 키워 낼 확률이 높아질까요? 그것은 바로 '외할머니'였습니다.

> 수많은 사회에서 할머니는 친족의 번식 성공에 영향을 미치는 것으로 나타났다. 문서로 남은 기록이 있는 유럽이나 북미 지역의 농경 사회의 경우, 도움받을 수 있는 할머니가 있는 어머니의 생애 번식 성공도가 증가하는 것을 수 세대 동안 추적할 수 있었다.[5]

> 아주 운이 좋은 사람만이 풀하우스나 페어 카드를 받을 가능성이 높은 포커 카드 게임에 비유하자면, 근처에 할머니가 있는 것은 손에 에이스 카드를 들고 있는 것과 같다고 할 수 있다. 다원적인 생명의 게임에서 할머니는 종종 이기는 카드였다. 하지만 운이 좋은 사람만이 받을 수 있는 카드였다.[6]

> … 만약 장수하는 할머니가 인류의 에이스 카드였다면, 친족으로 분류된 이 모든 사람들(먼 친척, 대부모, … 그리고 다른 만들어진 대행 부모들)은 그들의 와일드카드가 되었다.[7]

---

5 세라 블래퍼 허디, 『어머니, 그리고 다른 사람들』(에이도스, 2021), p. 374.
6 같은 책, p. 388.
7 같은 책, p. 394.

대부분 부모님들은 은퇴 후 지방에서 편안한 삶을 살아가시려는 경향이 있습니다. 대부분의 부모님들도 내 자녀가 아이를 낳으면 어떻게 되는지 경험한 적이 없습니다. '손자와 손녀'라는 존재 자체를 경험해 본 적이 없으니, 무슨 일이 생길지, 조부모로서 내가 사위 혹은 며느리를 어떻게 도와줘야 한다는 생각을 깊이 하지 않고 삽니다. 그러다가 어디 시골에 가서 농사나 지어 보자는 생각을 합니다. 말년은 내가 살아왔던 고향에서 살자고 다짐합니다. 그러는 중에도 지금 나의 자녀들은 도심지에서 치열하게 일하며 애를 키워 보겠다고 고군분투하고 있습니다.

할머니와 할아버지가 될 날을 앞두고 계신 분들은 더 지혜롭게 결정하셔야 합니다. 곧 결혼과 육아를 앞둔 청년분들도 꼭 생각해 보시기 바랍니다. 내 부모님은 내 주변에 계실수록 좋습니다. 나머지 은퇴 자금으로 최대한 내가 사는 곳 주위에 거주하시도록 하세요. 그러면 내가 자녀를 낳고 누릴 수 있는 유익이 엄청나게 늘어납니다. 이것이야말로 나의 30-40대 속에서 하나님이 원하시는 결혼, 자녀, 가족의 가치를 심고, 많은 것을 거둘 수 있는 위대한 투자입니다.

특히, 나이가 드실수록 부모님들은 도심지에 계신 것이 훨씬 좋습니다. 몸이 아픕니다. 병원에 자주 가야 합니다. 제대로 된 병원은 도심에 더 많습니다. 게다가 여기저기 멀리 돌아다닐 수가 없습니다. 편한 교통수단이 필요합니다. 산만 보면서 살아가기엔 외롭습니다. 가깝게 다닐 수 있는 사람들이 필요합니다. 그 모든 것은 자녀들이 지내는 도심에 있습니다.

무엇을 중심으로 살아야 하는지 고민된다면, 먼저 교회에 투자하십시오. 그리고 가족에 투자하십시오. 그리고 나아가 하나님이 원하시는 지역성에 내 인생을 심어 보십시오. 후회하지 않는 투자 수익을 거두게 될 것입니다.

크리스천의 투자노트

1. **지역성을 고려하라.**

   어디에 살지를 결정할 때 교회와의 거리를 함께 고려해야 한다. 이것이 이 시대에 그리스도인들이 고려해야 할 중요한 사명 중의 하나이다.

2. **가까우면 벌어지는 일들이 많다.**

   이 세상 모든 일들은 물리적으로 가까워질 때 높은 성과를 낸다.
   지역교회 성도와 교제하고, 만날 수 있는 확률을 높여야 부흥과 전도의 열매도 가능하다.

3. **결혼과 자녀, 가족을 위한 미래를 준비하라.**

   결혼하여 자녀를 양육하는 일은 부부의 힘만으로 벅차다. 거리가 가까운 이웃이 필요하다.
   조부모들이 자녀들 근처에 사는 것은 하나님이 주신 가족의 가치를 지키고, 자녀를 양육하는 데에 매우 효과적이다.

8. 무엇을 바라보며 살아야 할까

마가복음 4:30-32

멀리 바라보게 만드는 시대

나이가 많으신 분들은 늘 현재의 세대를 묘사할 때 예전과 비교할 수 없을 정도로 잘살게 되었다는 말씀들을 많이 하십니다. 그 세대는 '절대적 가난'을 경험한 세대였기 때문이죠. 지금은 먹지 못해 굶어 죽는 가난이라기보다는, 상대적 빈곤 때문에 많은 사람의 마음이 어려운 것 같습니다.

실제로 직장 생활을 하는 친구들을 만나서 물어 보면 본인의 연봉이 적어서 힘들다고 말합니다. 하지만 이야기를 자세히 들여다보면 절대적인 수치 때문에 힘들어하는 것이 아닙니다. "이 돈을 모아서 언제 집을 사지?"라는 나의 목표치 때문에 힘들어하고 있습니다.

실수령으로 매월 급여 300만 원을 받는 직장인이 있다고 합시다. 십일조 30만 원 떼고, 월세 50만 원 떼고, 교통비 및 통신비로 20만 원 떼면 200만 원도 채 남지 않습니다. 최대한 식비와 생활비를 절약해도 한 달에 저축할 수 있는 금액이 100만 원을 넘기 쉽지 않습니다. 100만 원을 꾸준히 저축하는 것도 대단한 일입니다.

그러나 저축을 하면서도 마음이 어려운 이유는 내가 가야 할 먼 목표 때문입니다. 나는 10억짜리 집을 사야 합니다. 목표가 10억인데, 나의 수단은 매월 100만 원 저축입니다. 10억 원을 100만 원으로 나누면 1000이 나옵니다. 1000번을 모아야 하는 것입니다. 1년이 12개월이니까 12로 다시 나누면, 약 83년간을 모아야 한다는 결론이 나옵니다. 한숨만 쉬어집니다. 내가 직장에 만족하지 못하고, 투자에 관심을 가질 수밖에 없는 이유가 바로 이것입니다.

일부를 통해 오는 약속

그러나 하나님의 만드신 피조 세계는, 하나님 나라의 원리와 아주 밀접하게 연관되어 있습니다. 하나님 나라의 핵심은 '일부'에 있습니다. '일부'가 곧 '모든 것'이라는 개념입니다. 하나님의 사람들은 천국을 꿈꾸며 살지만, 오늘 하루 내게 주신 '일부'에 투자하고, '일부'를 바라보며 살아야 합니다. 예수님은 하나님 나라를 묘사하실 때 겨자씨 비유를 즐겨 사용하셨습니다.

또 이르시되 우리가 하나님의 나라를 어떻게 비교하며 또 무슨 비유로 나타낼까 겨자씨 한 알과 같으니 땅에 심길 때는 땅 위의 모든 씨보다 작은 것이로되 심긴 후에는 자라서 모든 풀보다 커지며 큰 가지를 내나니 공중의 새들이 그 그늘에 깃들일 만큼 되느니라(30-32).

핵심은 무엇입니까? 하나님 나라라는 '전체'는 겨자씨라는 '일부'로서 우리에게 먼저 주어진다는 것입니다.

또 이르시되 내가 하나님의 나라를 무엇으로 비교할까 마치 여자가 가루 서 말 속에 갖다 넣어 전부 부풀게 한 누룩과 같으니라 하셨더라(눅 13:20).

누룩도 마찬가지입니다. 분명히 누룩을 조금 넣었는데, 빵 전체가 부풀게 됩니다. 일부를 가지고 있으면, 전체를 향해 나아가게 된다는 말이지요.

저는 이것이 그리스도인이 이 땅에서 내게 주신 유무형의 자산을 관리하고, 미래를 향해 투자하는 관점에서 가장 중요한 요소라고 생각합니다. 하나님은 우리에게 멀리 있는 목표를 바라보라고 하지 않으셨습니다. 그 목표에 비해 초라한 나의 100만 원을 보고 탄식하라고 하지 않으셨습니다. 일부를 가지고 있으면, 전체를 갖게 되는 기회를 얻게 되리라고 말씀하십니다. 내가 가진 일부가 얼마나 귀한 것인지를 깨닫는 것이 투자의 첫걸음입니다.

5억짜리 집을 사는 법

금액을 좀 낮추어서 현실적으로 생각해 봅시다. 우리는 도대체 5억짜리 집을 어떻게 살 수 있을까요? 대학생이나 사회 초년생들은 단순히 내가 5억을 열심히 모아야 집을 살 수 있다고 생각합니다. 하지만 그렇지 않습니다. 전체의 거대함에만 집중하게 만드는 시선은 결코 하나님이 원하시는 시선이 아닙니다.

부동산을 사기 위해 은행에서 대출을 알아본다고 합시다. 대출이 최대한 많이 나오기를 바라며 열심히 기도를 하고 갑니다. 그러면 은행 직원은 여러분이 현재 돈을 얼마나 많이 가졌는지 묻지 않습니다. 현재 꾸준한 '일부의 소득'이 있는지를 물어봅니다. 이것이 신용 사회의 특징입니다. 현재 발생하고 있는 일부의 소득을 근거로 큰 금액을 대출해 준다는 것입니다.

그래서 200만 원, 300만 원의 꾸준한 소득을 증명할 수 있는 사람은 2천만 원, 2억 원의 대출도 가능해지게 됩니다. 왜 그렇습니까? 내가 돈이 많기 때문이 아닙니다. 내 200만 원이라는 일부의 소득이 증명되고 담보되어, 금융권의 돈을 이용할 수 있는 자격이 주어진 것입니다.

5억짜리 집을 사려면 30년, 40년을 모아야 하는 줄 알았습니다. 그런데 내가 현재 200~300만 원의 소득만 증명이 되면 약 3억 원의 대출이 가능하다고 가정해 보겠습니다. 그러면 내가 채워야 할 남은 돈은 2억 원으로 줄어듭니다. 그렇다면 내가 결혼해서 그 금액을 남편과 아내가 나누어 부담한다고 합시다. 편하게 2로 나누면 한 사람 앞에 1억이 됩니다.

1억을 모으는 것도 물론 대단한 일입니다. 그러나 이제 멀리 바라보게 만드는 거짓의 실체가 드러났습니다. 전체의 목표, 물건의 전체 가격을 가지고 내 일부를 소홀하게 여기게 만드는 모든 말은 사기입니다. 나는 1억만 모으면 됩니다. 그러면 기회가 생깁니다. 1억을 기준으로 생각해 보세요. 100만 원을 저축하는 것이 매우 큰 일입니다. 매우 가치 있는 일입니다.

요즘 금리가 올라서 대출도 어렵다고 합니다. 맞는 말이지만 틀린 말이기도 합니다. 내가 저축으로 얻을 수 있는 대가도 그만큼 커진다는 말이기 때문입니다. 이제 100만 원 저축은 훨씬 가치 있는 일이 되었습니다. 멀리 보던 시선을 일부에 집중시키니 내가 가진 일부의 중요성이 부각되기 시작합니다.

쥐꼬리만 한 월급

혹시라도 주변에 누가 여러분이 다니는 직장에서 받는 월급을 폄하하는 분들이 있다면, 그 사람은 큰돈을 벌지도 못할 사람이고, 투자도 제대로 하지 못할 사람이라고 무시하셔도 됩니다. 여러분도 스스로 그렇게 생각하고 있다면, 그 마음부터 뜯어고쳐야 합니다. 왜 그렇습니까? 투자를 잘하는 사람치고 일부의 중요성을 무시하는 사람은 없기 때문입니다.

투자의 기본은 저축입니다. 투자의 기본은 나의 일부 소득입니다. 누가 내 돈만으로 모든 사업을 할까요? 누가 내 돈만 써서 부동산을 살까요? 자산의 투자에는 언제나 레버리지가 사용됩니다. 남의 돈을 지혜롭게 이용하는 것이 투자의 지름길이 됩니다. 그럴 때 내가 준비하고, 사수하고, 소중히 여겨야 할 것은 바로 나의 '쥐꼬리만 한 월급'입니다.

하나님이 주신 자산을 미래에 더 풍성히 관리하고 싶은 분들이 계시다면, 쥐꼬리만 한 월급을 관리해야 합니다. 젊었을 때 많은 부분에서 탕진할 수 있는 요소들이 있습니다. 예를 들어 너무 비싼 여행입니다. 젊었을 때 많은 경험을 해야 한다는 이유로 몇백만 원씩 쓰는 여행을 쉽게 쉽게 다녀옵니다.

저도 여행을 좋아하는 사람입니다. 여행이 좋은 것을 누가 모를까요? 그런데 그 여행을 다녀오면 내 일부가 사라집니다. 일부가 사라지면 전부가 사라지는 것입니다. 너무나 힘겨운 현실들 속에 가끔은 바람도 쐬고 싶고, 원하는 여행을 가거나 물건을 사는 일로 스트레스를 풀고 싶은 마음이 굴뚝같습니다. 저도 그렇습니다. 가끔은 꼭 이렇게까지 참아야 하나 싶기도 합니다. 그건 너무 자연스러운 마음이라 반박할 생각이 없습니다.

그런데 내가 미래에 무엇이 되고 싶은지 둘 중 하나로 생각해 보세요. '소비자'가 되고 싶으신가요? 아니면 '투자자'가 되고 싶으신가요? 투자자가 되려면 소비자의 반대의 삶을 살아야 합니다. 그 핵심은 새로운 투자를 하는 것이 아니라, 소비하지 '않는' 것입니다. 즉, 나는 여행도 못 가고, 물건도 못 사는 비참한 삶을 사는 것이 아닙니다. 나는 무엇인가를 못 하고 있는 것이 아니라 새로운 것을 '하고 있는 것'입니다. 소비자의 행위를 그만하고, 투자자의 행위를 시작하고 있는 것입니다.

또한 돈이 쉽게 나가는 것 중의 하나가 반려동물입니다. 저는 동물을 키우는 것 자체에 반대하는 사람은 아닙니다. 그러나 젊었을 때 외롭다는 이유만으로 반려동물을 키우는 것은 월세를 2배를 내는 것과 똑같은 결과를 가져오게 됩니다. 젊은 친구들을 만나 보면, 자신은 큰돈을 쓰는 곳이 없다고 합니다. 먹을 것도 많이 먹지 않는다고 합니다. 그런데도 왜 돈이 안 모이는지 모르겠다고 합니다. 왜 그런 줄 아시나요? 나는 안 먹는데, 그 옆에 반려견이 다 먹고 있습니다! 그 개, 병원 데려가야 합니다. 그 고양이, 수술시켜야 합니다. 반려동물은 밥을 먹고 있는 것이 아니라, 미래의 내 집을 먹고 있다는 사실을 생각해 주세요.

실제 사례들

우리 교회에는 20대가 되면서 지방에서 서울에 올라와, 고시원에서부터 시작해 본인의 인생을 만들어 나간 사람들이 많이 있습니다.

저랑 친하다 보니 자신의 소득과 저축액을 이야기하며 거의 20대 전부를 함께한 사람들이죠. 그중에는 30대가 되자 거의 1억 이상씩을 저축하고 미래를 열어 가는 청년들이 많이 있습니다. 그들의 연봉은 어땠을까요? 박봉 중에 그런 박봉이 없었습니다. 늘 170~180만 원을 받고, 5년 차 6년 차가 되어도 250만 원을 넘지 못하는 친구들이 대부분이었습니다. 그러나 대학을 빨리 졸업하자마자 어디든 들어가서 적은 급여를 받으며 모으기 시작했습니다. 나가는 돈을 줄였습니다. 그들은 큰돈을 들여 여행을 가지 않았습니다. 여행도 계획해서 갔습니다. 연애도 했습니다. 그러나 과한 선물은 주고받지 않았습니다. 30대가 되자 모두 1억 넘는 돈을 모았습니다. 그들이 부자였습니까? 아닙니다. 일부를 중요하게 여겼을 뿐입니다.

나눗셈의 속임수

이제 역으로 생각해 보면 쉽습니다. 부자가 되지 못하게 만들고, 내 저축이 여기저기 구멍이 뚫리도록 속이는 시대의 사고방식이 있습니다. 그것이 바로 '나눗셈' 즉, 할부라는 개념입니다. 내가 저축하고 소득을 생각할 때 '일부'라는 개념을 적용하는 것은 매우 훌륭합니다. 그러나 내가 소비할 때 '일부'의 중요성을 생각하면 그때부터 속는 것입니다.

예를 들어 보겠습니다. "아이폰을 사면 기곗값으로 보통 한 달에 얼마를 내게 됩니까?" 이 질문에 들어 있는 나눗셈을 찾아보세요. 아이폰 전체 기곗값이 얼마인지는 결코 알려 주지 않습니다. 그냥 내가 한 달에 얼마를 내야 하는지만 알려 줍니다. 예를 들어 한 달에 3만 원만 내면 된다고 말입니다. 하지만 나의 일부를 꾸준히 확보하기 위해서는 다르게 물어 봐야 합니다. "아이폰 전체 기계값이 얼마입니까?" 요즘은 환율이 올라서 200만 원 정도입니다. 나는 3만 원을 쓰는 것이 아닙니다. 200만 원을 쓰는 것입니다.

그래서 착실히 저축하고 있는 우리 교회의 한 형제는 휴대폰을 부득이 바꾸려고 할 때 휴대폰 기곗값 전부를 현금으로 인출하여 들고 갑니다. 내가 이만큼 큰 지출을 하고 있다는 것을 인지하고 그 지출의 정당성을 다시 한번 생각해 보기 위함이랍니다.

휴대폰 기곗값만 그런가요? 보험도 들어야 하고, 넷플릭스도 내야 하고, 유튜브도 봐야 하는 것 아닙니까? 나의 일부는 사실 누군가에게 모두 빼앗기고 있습니다. 이 시선으로 다시 보면, 이 세상 모든 것은 나의 일부를 빼앗으려고 안달입니다. 일부만 뺏으면, 전체를 빼앗아 올 수 있기 때문입니다.

일부를 빼앗아 가는 나눗셈의 사고방식에서 벗어나세요. 웬만한 구독성 매체들은 모두 중단하시기를 추천드립니다. 광고 좀 보면서 유튜브 보면 어떻습니까. 별것 아니라고 말하는 지출에 나의 일부를 내어 줘서는 안 됩니다.

일부는 전부, '십일조'

이제 이해가 되시나요? 그러므로 하나님 나라에서 내가 일부를 드리는 행위는 전부로서 중요한 것입니다. 하나님이 내게 물질을 주십니다. 물질 전부가 하나님이 주신 것이지만, 그것의 일부를 주님께 드립니다. 그것이 십일조입니다. 십일조는 일부를 드린 것일까요? 맞습니다. 하지만 전부를 드린 것입니다. 하나님 나라에서는 일부가 곧 전체를 나타내기 때문입니다.

나의 재정적인 문제 위에 하나님의 인도하심을 받고 싶거든, 하나님이 먼저 확보하기를 원하시는 일부부터 챙겨야 합니다. 바로 십일조 생활입니다. 내가 이 물질을 통해서 하나님 나라를 확장시켜 나가기를 원하고, 나의 물질을 통해 하나님의 공급하심을 경험하기를 원하십니까? 하나님 나라가 전체로 다가오는 기회를 빼앗겨서는 안 됩니다. 월세보다 십일조를 먼저 떼십시오. 근로소득뿐만이 아니라 내가 투자로 얻게 되는 자본소득에 대해서도 십일조를 하세요. 그것이 전체로 다가오는 하나님 나라에 다가가는 길입니다.

대출의 오해

일부를 통해 전부를 향해 나아갈 수 있게 만들어 주는 현대사회의 금융 시스템 중의 하나가 바로 '대출'입니다. 대출은 돈을 이용해서 더 가치 있는 일을 하려고 하는 사람에게, 다른 사람이나 기관이 돈을 빌려주고, 그 대가를 일부 거두어 가는 일입니다.

대출은 근본적으로 선합니다. 내가 돈이 없을 때, 적절한 대가로 그 필요를 제공하는 일은 결코 나쁜 일이 아닙니다.

은혜를 베풀며 꾸어 주는 자는 잘 되나니 그 일을 정의로 행하리로다(시 112:5).
(ESV) It is well with the man who deals generously and lends; who conducts his affairs with justice.

어떤 사람이 하나님이 원하시는 사람입니까? 은혜를 베풀고 '꾸어 주는' 자입니다. 성경은 기본적으로 꾸어 주는 행위, 빌려주는 행위를 '정의'(justice)와 연결시키고 있습니다. 그러므로 갚을 능력이 증명되는 선에서는 마음껏 빌릴 수 있도록 해주는 사회가 되는 것이 하나님이 원하시는 이 땅의 모습입니다.

누가 악인인가?

신앙생활을 오래 하셨던 분들은 당연히 이런 의문이 들 수 있습니다. "아니 목사님, 이건 대출의 심각성을 너무 인지하지 못하는 것 아닌가요?" 저도 그 질문에 공감합니다. 그래서 성경은 갚을 수 있는 상환 능력, 그것에 대한 검증을 철저하게 이야기합니다. 성경이 말하는 악인은 누구입니까? 시편 37편 21절을 보세요.

악인은 꾸고 갚지 아니하나 의인은 은혜를 베풀고 주는도다(시 37:21).
(ESV) The wicked borrows but does not pay back, …

한번 대답해 보세요. 악인은 누구입니까? 이자를 받아 가는 사람이 아닙니다. 이자를 받아 가는 자본가가 악인이 아닙니다. **갚지 않는 사람**이 악인입니다. 물론 성경은 갚을 수 없는 사람에게 돈을 빌려주는 자도 악을 조장하는 자임을 균형 있게 지적합니다. 그래서 성경은 가난한(상환이 어려운) 자에게 대출해 주고 이자를 받는 행위를 하지 못하게 금하였던 것입니다(레 25:35-37).

그러나 상환이 어려울 것이 예상됨에도 불구하고 막연히 집값이 오를 것을 기대하거나, 부채를 통해 과도하게 사업의 규모를 확장하려다 상환의 어려움을 겪는다면, 나는 하나님 앞에서 빌려 쓴 타인의 재물에 대해서 성실하게 갚지 않는 죄를 저지르게 되는 것입니다.

도대체 어느만큼?

그렇다면 내가 부동산을 매매하기 위해 실제로 대출을 받는다고 할 때, 실제적으로 어느 정도가 '적당한' 대출일까요? '부동산 읽어 주는 남자'(정태익)가 소개하는 쉬운 기준을 몇 가지 소개해 드리려고 합니다.

1. 연봉의 최대 10배 이내(만약 월급이 500만 원이라면, 대략 5억 이하의 집)

2. 은행 DSR(총부채원리금상환비율) 기준 이내

3. 유사시 실거주 가능한 집에 해당

많은 투자자들이 비슷한 기준을 이야기하는데, 사실 이 정도만 지켜도 큰 무리 없이 대출을 감당해 낼 수 있습니다. 내가 일으킨 대출의 규모를 따져 보면, 무리하게 집에 욕심을 낸 경우 대부분 결국 이 기준을 넘겨서일 때가 많습니다. 이 사람이 의도적으로 갚지 않는다는 말도 되지만, 갚을 수 없는 게 분명한데도 빌려준다면, 그 사람은 당연히 상환하지 못할 것입니다. 그러니까 성경은 갚을 수 없는 사람에게 과도한 대출을 가능하게 하거나, 그 대출을 시도하는 것을 결코 지지하지 않습니다.

대출을 막아버리면

우리 시대의 부동산 광풍은 어디로부터 시작되었습니까? 특정한 사람이나, 특정한 조직을 탓할 것이 아닙니다. 성경적으로 하나님이 제시하신 창조 질서 중에서 무엇에 문제가 일어났기에 이런 일이 생긴 것인지 숙고해 봐야 합니다. 그 문제는 바로 상환 능력이 있는 사람에게도 자유롭게 대출해 주는 시스템을 막아버렸기 때문입니다.

소득상환능력만 … 증명되면 금융(LTV 70%)도 주어져 중산층과 서민, 30대들 모두 각자의 분수에 맞는 주택 마련이 가능하던 때가 불과 5년 전이다.

격세지감을 느끼겠지만 5년 전 정말 강북엔 4억 원 아파트가 널려 있었고, 지금 30억 원을 바라보는 반포 최상급 랜드마크 아파트도 15억 원이면 살 수 있었다.

갚을 소득만 있다면 15억원 집을 15억원 대출로 살 수 있게 해주는 나라가 선진국이며 건전한 민주주의, 진정한 공정사회. 부모에게 현찰을 지원받는 금수저 바보는 변변찮은 소득으로 20억 집도 사는데, 흙수저 전문직은 15억을 빌려 집을 사서 충분히 갚고도 남는 능력이 있음에도 단지 지금 현찰이 없다는 이유로 전월세만 전전하게 (해서는 안 된다.)[1]

대출의 글로벌 스탠다드

외국의 OECD 국가들의 대출에 대한 기본적인 내용을 파악하는 것이 중요한데, LTV(Loan to Value ratio) 라는 개념이 있습니다. "내가 사고 싶은 부동산이 있는데, 당신의 소득 능력이 증명이 되면 몇 %까지 대출을 해주겠습니다."를 나타내는 비율입니다. 자료를 한번 보겠습니다. 첫 번째 그래프는 미국의 주요 주들의 LTV 비율[2]입니다.

---

1 Adrien Kim의 페이스북에서 가져왔다. 부동산 대출에 관한 그의 상세한 설명은 그의 저서를 참조하라. 에이드리안 킴, 『집이 언제나 이긴다』(기파랑, 2021).

2 https://www.statista.com/statistics/460677/average-ltv-in-the-usa-by-state/

[첨부2_미국의 주요 주들의 LTV 비율]

두 번째 통계는 Saudi Arabian Monetary Agency에서 발행한 보고서인데, G20 국가들의 주요 LTV 비율을 비교한 것입니다.[3]

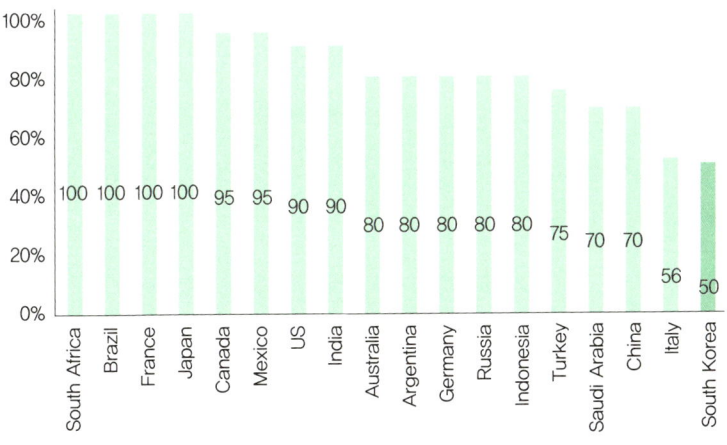

[첨부3_G20 국가들의 주요 LTV 비율]

3   Saudi Arabian Monetary Agency, 'A Study on Loan-to-Value(LTV) Ratio,' p. 9.

8. 무엇을 바라보며 살아야 할까   215

우리가 알고 있는 선진국인 프랑스, 일본, 캐나다, 미국, 독일 등은 90%에서 100%의 비율에 육박합니다. 무슨 말입니까? "당신이 매달 갚을 수만 있다면, 10억짜리 집을 살 때, 10억도 빌려줄 수 있습니다."라는 뜻입니다. 심지어 네덜란드는 110%를 빌려줍니다. 왜일까요? 취득세에 중개보수, 이사비까지 쓰라는 말입니다.

그러므로 이 시대에 무엇보다도 중요하게 우리에게 필요한 것은 하나님 앞에서 하나님이 주신 대출의 기회를 지혜롭게 활용하는 것, 그리고 그 자유를 주는 사회가 하나님이 원하시는 사회입니다.

대출의 마법

『대출의 마법』이라는 책을 쓴 김은진 대표님이 있습니다. 이분은 젊은 사회 초년생들이 어떻게 하면 자신의 자산을 효율적으로 관리할지를 고민하신 분인데, 그 핵심으로 '대출'의 활용을 꼽습니다. 그분이 이 책을 쓰게 된 계기가 된 질문 한 문장이 인상적입니다.

"왜 우리는 은행에 저축만 하고, 부자들은 그 돈을 이용했을까?"[4]

지금까지 저축에 대한 중요성을 강조했습니다. 그것과 반대되는 이야기를 하는 것이 아닙니다. 저축과 함께 동시에 지혜롭게 활용해

---

4 김은진, 『대출의 마법』(다산북스, 2022), p. 14.

야 할 부분이 바로 레버리지, 대출입니다. 내 저축은 투자를 위한 준비 단계입니다. 투자는 나의 시드머니와 레버리지가 만나야 합니다. 그때부터 진짜 투자가 되는 것입니다. 대출을 활용할 줄 알아야 시대의 모든 금융의 파도를 넘나들 수 있습니다.

제가 지금껏 만나본 수많은 부자들은 대출을 지렛대 삼아 사업을 일으키고 부를 일구어 왔습니다. 한국 부자들의 현황과 자산 관리 방법을 분석한 KB경영연구소의 「2021 한국 부자 보고서」에 따르면 "자산이 많을수록 부채 규모도 크다."라고 합니다. '시간'을 써야 할 데와 '돈'을 써야 할 데를 명확히 구분해, 오직 성공을 향해 나아가는 지름길을 개척했기에 부자가 될 수 있었던 것입니다. 그들은 은행에서 최대한 많은 돈을 빌림으로써 자본금을 마련하는 데 드는 '시간'을 아낄 수 있었습니다. 그렇게 단축한 시간 동안 사업 전략을 짜기도 하고, 남들보다 빠르게 자산을 불리기도 했습니다. 물론 그만큼 많은 이자를 감당해야 했을 것입니다. 하지만 그들에게 그 돈은 아까운 돈이 아니었습니다. 자신에게는 이자 이상의 수익을 거둘 수 있다는 확신이 있었기에 기꺼이 '사용료'를 지불했던 것이지요. "왜 우리는 은행에 저축만 하고, 부자들은 그 돈을 이용했을까?" 이 책은 바로 이런 물음에서 출발했습니다.[5]

---

5 같은 책, p. 13-14.

빚을 지는 것은 죄인가

성경에는 빚에 대한 이야기가 많이 나옵니다. 언뜻 보면 빚에 대한 위험과, 빚지는 것을 금지하는 내용으로 가득 차 있는 것처럼 보입니다. 게다가 살면서 신앙의 선배들로부터 대출의 위험에 대해 경험적으로 많이 들었기 때문에, 그리스도인 중에는 대출을 받으면 죄를 짓는 것처럼 여기는 경우도 있습니다. 극단적으로 부채를 두고 기업을 운영하는 것 자체가 어리석은 일이라고 생각하기도 합니다.

하지만 성경의 메시지를 자세히 살펴보면 그렇지 않다는 것을 알 수 있습니다. 실제로 성경 구절들을 살펴보겠습니다. 가장 직접적으로 부채의 위험성을 강조한 구절들입니다.

> 부자는 가난한 자를 주관하고 빚진 자는 채주의 종이 되느니라 네가 형제에게 꾸어주거든 이자를 받지 말지니 곧 돈의 이자, 식물의 이자, 이자를 낼 만한 모든 것의 이자를 받지 말 것이라(잠 22:7, 19).

> 너는 그에게 이자를 위하여 돈을 꾸어 주지 말고 이익을 위하여 네 양식을 꾸어 주지 말라(레 25:37).

표면적으로 이해하면 이자를 받으면서 돈을 빌리는 형태의 모든 거래를 금지하는 것처럼 느껴집니다. 그렇다면 이 시대를 살아가는 우리 모두는 불의한 일에 동참하는 사람들이 됩니다. 그러나 여러분이 다니는 회사의 재무상태표를 살펴보세요. 부채가 없는 기업이 없을 것입니다. 부채를 사용하여 매출을 향상시키기도 합니다. 만약 그 수익을 우리가 급여를 받으면서 함께 누리고 있다면, 간접적으로나마 우리는 불의한 일에 동참하고 있는 것이 아닌가요?

이자뿐만 아니라 대출을 받으면 안 된다는 말도 명시적으로 표현된 구절이 있습니다.

> 피차 사랑의 빚 외에는 아무에게든지 아무 빚도 지지 말라 남을 사랑하는 자는 율법을 다 이루었느니라(롬 13:8).
> (NIV) … Let no debt remain …

이 모든 구절들을 어떻게 해석해야 할까요? 우리가 자녀들을 키울 때 부엌에서 뜨거운 불에 다가가면 위험하다는 것을 강조합니다. 왜 그렇습니까? 불을 쓰지 말라는 말이 아니라, 그만큼 불을 많이 쓰기 때문에, 쓸 때마다 조심해서 써야 하기 때문입니다. 자녀들의 일상에 늘 불이 있을 것인데, 언제든 위험해질 수 있기 때문에 그것을 경고하는 것입니다.

결론적으로 이야기하자면, 성경은 이자를 주고받거나 대출을 받는 것 자체를 금하지 않습니다. 오히려 권장하고, 당연한 일로 여기고 있습니다. 좀 더 구체적으로 살펴보겠습니다.

빌려주는 일은 정의로운 일

첫째로, 성경은 무언가를 빌려주는 일은 당연히 일어날 수밖에 없으며, 오히려 권장하고 있음을 알 수 있습니다.

네 이웃에게 무엇을 꾸어줄 때 너는 그의 집에 들어가서 전당물을 취하지 말고(신 24:10).

신명기 24장 10절에서는 '꾸어줄 때'를 이미 전제하고 있습니다. 대출이 일어나는 상황 자체를 막고 있지 않습니다. 그 일이 일어나는 것은 자연스러운 일이라는 말입니다.

사랑의 빚 외에는 아무 빚도 지지 말라는 말도 마찬가지입니다. 이 말은 약속한 때에 제때 이행하라는 말입니다. 문맥을 잘 봐야 합니다. 로마서 13장 7-8절을 보세요.

모든 자에게 줄 것을 주되 조세를 받을 자에게 조세를 바치고 관세를 받을 자에게 관세를 바치고 두려워할 자를 두려워하며 존경할 자를 존경하라 피차 사랑의 빚 외에는 아무에게든지 아무 빚도 지지 말라 남을 사랑하는 자는 율법을 다 이루었느니라(롬 13:7-8).

이 구절에 대해서 웨인 그루뎀은 이렇게 설명합니다.

바울이 말하려 한 요지는 로마의 그리스도인들에게 세금과 명예와 존경을 비롯해 사람들이 그들에게 정당하게 기대하는 모든 것을 세심한 주의를 기울여 행하라고 권면하는 것이었다. 이 가르침은 모든 빌리는 행위를 금지하는 게 아니다. 약속한 날짜에 갚기만 한다면 채무를 지는 것은 잘못된 것이 아니다. 이 말씀의 요지는 우리가 어떤 것을 빚졌을 경우에는 약속한 때 그 빚진 것을 갚아야 한다는 것이다. "아무에게든지 아무 빚도 지지 말라."는 명령은 단지 앞의 절들에서 바울이 말한 것들을 요약한 것으로써, 채무를 졌다면 제때 갚음으로써 우리가 마땅히 해야 할 일을 하지 않은 것이 있어서는 안 됨을 의미한다.[6]

우리 교회에 세무 공무원 한 분이 계십니다. 함께 식사를 위해 회사에 방문했는데, 부서 이름이 특이했습니다. '체납추척팀'이었습니다. 하는 일이 무엇이냐고 물었더니, "돈 내세요, 세금 내세요!" 하는 게 자기 임무라고 합니다. 실제로 납세를 회피하는 사람들을 추적해 보면, 돈을 내지 않기 위해 현금을 변기통에 숨겨 놓고 사는 사람들까지 있다고 합니다.

성경의 원리에 따르면 빚은 무엇입니까? 돈이 아무리 많은 사람도, 아무리 적은 사람도, **'갚지 않은 것'** 그게 빚입니다. 빌린 것이 문제가 아닙니다. 빌린 그 돈을 제때 갚지 않은 것이 빚입니다. 그러니

---

[6] 웨인 그루뎀, 『기독교 윤리학(하)』(부흥과개혁사, 2020), p. 526.

우리가 원리금 상환을 매월 해나갈 수 있다면 내가 진 빚은 결코 나쁜 것이 아니라는 말입니다.

어려운 사람들을 향한 악의적인 대출

레위기와 신명기의 구절들도 마찬가지입니다. 예수님이 오셔서 율법을 완성하셨기 때문에 구약의 모든 제사의 형식들은 우리가 지킬 필요가 없지만, 율법의 정신은 언제나 남아 있습니다. 많은 구약학자들이 공통적으로 동의하는 것은, 구약의 모든 이자 금지법이 대출 자체를 금지하는 것이 아니라, 가난한 자에게 악의적인 대출을 금지한다는 말이라는 것입니다. 사업이 목적이 아니라 굶어 죽어 가고 있는 사람들, 너무 어려운 사람이 돈을 필요로 하는데 그 사람을 상대로 이자 놀이를 하지 말라는 주님의 명령입니다.

네 형제가 가난하게 되어 빈손으로 네 곁에 있거든 너는 그를 도와 거류민이나 동거인처럼 너와 함께 생활하게 하되 너는 그에게 이자를 받지 말고 네 하나님을 경외하여 네 형제로 너와 함께 생활하게 할 것인즉 너는 그에게 이자를 위하여 돈을 꾸어 주지 말고 이익을 위하여 네 양식을 꾸어 주지 말라(레 25:35-37).

네가 형제에게 꾸어 주거든 이자를 받지 말지니 곧 돈의 이자, 식물의 이자, 이자를 낼 만한 모든 것의 이자를 받지 말 것이라 타국인에게 네가 꾸어 주면 이자를 받아도 되거니와 네 형제에게 꾸어 주거든 이자를 받지 말라 그리하면 네 하나님 여호와께서 네가 들어가서 차지할 땅에서 네 손으로 하는 범사에 복을 내리시리라(신 23:19-20).

신명기에서 타국인에게는 왜 이자를 받으라고 말을 합니까? 이스라엘 백성만 차별하는 것입니까? 아닙니다. 타국인의 경우, 원금까지 갚지 않고 그냥 도망가버릴 우려가 있었기 때문입니다.

결론이 무엇입니까? 성경이 이자 받는 것이나 돈 빌려주는 것을 금지하고 있다고 말하는 것은 오해라는 것입니다. 오히려 많은 구절에서 대출에 대해 더 긍정적이고 당연하다는 언급을 하고 있습니다. 그것을 지혜롭게 활용하는 것이 필요합니다.

전부의 목적

하지만 그리스도인들은 내가 대출을 통해 무엇인가를 소유하게 되는 것에 목적을 두지 않습니다. 우리가 일부를 통해 시도하려는 그것은 언제나 하나님과 관계된 목적이 함께 따라오게 됩니다. 소유 그 자체는 목적이 아니라 수단이라는 것입니다. 따라서 그리스도인은 내가 빚을 지게 된 이유, 내가 대출을 일으킨 이유가 하나님께 기쁨이 되는지를 묻는 것이 중요합니다.

… 무릇 많이 받은 자에게는 많이 요구할 것이요 많이 맡은 자에게는

많이 달라 할 것이니라(눅 12:48).

소유에는 무엇이 따라온다고 기록되어 있습니까? 소유한 것에는 언제나 하나님의 요구, 하나님의 목적이 병행한다는 것입니다.

우리가 돈을 빌리는 경우를 생각해 보십시오. 대부분 자동차, 부동산, 학자금 대출 등 내가 원하는 무언가를 소유하기 위해서 대출을 일으키는 경우가 많습니다. 이렇게 무언가를 소유하거나 시도하기 위해 대출을 사용할 때, 사업이나 소유 자체가 목적이 아니라 그것을 수단으로 해서 나의 목적이 하나님의 기쁨, 하나님의 영광이 되어야 한다는 것입니다. 저는 웨인 그루뎀의 책에서 대출을 다루는 내용 중에 다음 방식의 질문이 참 신선하다고 느꼈습니다.

"당신은 하나님이 지금 당신이 지고 있는 부채의 양을 기뻐하고 계신다고 느끼고, 당신이 그렇게 빌린 것은 올바른 결정이었다고 생각하는가?"[7]

하나님이 기뻐하시는 일의 질문이 달라져야 합니다. '대출은 하나님이 기뻐하시는 일인가?'라고 물으면 안 되고, '내가 일으킨 부채의 양, 대출받은 그 액수를 하나님께서 기뻐하고 계신다고 생각하는가?' 이걸 물어야 한다는 것입니다. 내가 무언가를 소유하거나 시도

---

7 같은 책, p. 540.

하기 위해 대출을 받는 양이, 하나님의 목적과 부합한다면 분명히 우리에게도 평안과 기쁨이 있을 것이라는 이야기입니다.

딱 맞았던 대출

제가 지금 살고 있는 집을 마련할 때 저와 저의 아내 모두 여러 삶의 어려움이 있었고, 더 많이 돈을 마련하지 못한 것에 대한 아쉬움도 있었습니다. 교회 근처에 살 집을 정하기로 하고, 서로가 모은 돈을 합친 후, 적당한 집에 대한 대출 심사를 신청했습니다.

저는 그때처럼 천만 원이 그렇게 아쉬웠던 적이 없습니다. 몇 억이 문제가 아니라, 몇천, 몇백만 원이 부족해서 원하는 집에 들어갈 수 없다는 현실을 깨닫고 돈의 중요성을 다시 한번 깨달았습니다.

대출 심사가 끝나고 최종 대출 금액이 통보되던 날, 아내와 저는 정말 놀랐습니다. 저희가 들어가려고 기도하며 준비했던 집에 들어갈 수 있는 딱 맞는 대출 금액이 통보되었기 때문입니다. 저희가 모은 돈은 부족했지만, 그래도 소망을 가지고 있었던 이유가 있었습니다. 개척교회를 시작한 후, 이 근처에 집을 구하는 것이 하나님의 기뻐하시는 뜻 안에 있다는 확신이 서로에게 있었기 때문입니다.

우리의 '일부'의 중요성은, **'전체의 목적'과 함께 가야** 합니다. 하나님이 기뻐하시는 전체의 목적을 향해 갈 때, 우리가 모아 가는 일부가 열매를 맺게 됨을 그때 깨닫게 되었습니다.

그리스도인들이 대출을 실행할 때는 내가 그 대출을 받는 목적이 무엇인지, 그 대출을 받으려는 마음속에는 무엇이 있는지 생각해 보아야 합니다. 내가 단순히 그것을 소유하는 것이 나를 안전하게, 담대하게 만들 것이라는 생각은 또 하나의 우상입니다. 그 우상을 따라가다 보면 결국 과도한 대출을 일으키게 만듭니다. 하나님을 떠난 조급한 생각이 무리한 신용 대출을 끌어오게 만듭니다. 내가 가진 '일부'의 자산이, 하나님의 뜻 안에 이는 '전부의 목적'과 아직 만나지 못했기 때문입니다.

그리스도인들은 단순히 사업이나 소유 그 자체가 목적이 될 수 없습니다. 소유, 사업, 진학, 내 모든 새로운 시도 속에 대출이 사용될 때가 있지만, 그것은 수단입니다. 그것이 전부의 목적 즉, 하나님이 기뻐하시는 목적 속에 진행되고 있는지 물어 봐야 합니다. 그러면 감당할 만한 대출의 수준도 하나님이 알게 하실 것입니다. 나에게 아직 충분한 상환 능력을 허락하시지 않았는데 무언가를 과도하게 소유하려는 것은 탐욕입니다. 그것은 하나님의 목적이 아닙니다. 충분한 매출을 올릴 수 있는 사업 수완이나 실력이 검증되지 않았는데 벌이는 과도한 사업, 부동산, 주식 투자는 금물입니다.

대출의 선구자

우리는 일상의 대출과 관련된 업무를 수행하면서 금전적으로 막힐 때마다, 사지 못하는 것이 생길 때마다, 대출이 거절될 때마다 기억해야 할 것이 있습니다. 바로 대출 자격이 없는 자에게, 은혜로 하나님 나라를 소유하게 하신 예수님이 계시다는 것입니다.

예수님이 우리에게 원수들에게 이렇게 행하라고 말씀하셨습니다.

오직 너희는 원수를 사랑하고 선대하며 아무것도 바라지 말고 꾸어 주라 그리하면 너희 상이 클 것이요 또 지극히 높으신 이의 아들이 되리니 그는 은혜를 모르는 자와 악한 자에게도 인자하시니라(눅 6:35).

대출 이야기입니다. "너희들 앞으로는 원수에게도 잘하고, 최대한 많이 대출해 줘."라고 말씀하시는 것 같습니다. 하지만 사실 이 이야기는 우리에게 그렇게 살면 복을 주시겠다고 말씀하신 것이 아닙니다. 예수님이 나에게 그렇게 하시겠다는 약속입니다.

하나님은 어떤 분이십니까? 자격이 없는 자에게, 은혜로 돈이 아니라 아들을 내어주심으로, 나의 죄의 대가가 충분히 상환되고도 남을 십자가와 부활의 영광을 내게 허락하여 주신 분이십니다. 그러므로 하나님은 누구십니까? 대출의 선구자(pioneer)이십니다.

영원한 평안, 영원한 확신

내가 그분을 마음속에 모실 때, 나는 평생에 온갖 주고받고, 사고팔고, 대출받고 상환하는 과정 속에서, 빚을 갚는 과정 속에서 확신할 수 있습니다.

살아보니 이 땅은 나의 자격, 나의 실력, 나의 신분, 나의 상환 능력에 따라서 대출을 막고, 심사하고, 자격이 되지 않으면 은혜를 베풀지도 않는 곳이었습니다. 여기서 나는 내가 무언가를 소유해야만 살아갈 수 있을 것처럼 조급하게 살았습니다. 하지만 이제 다르게 생각할 수 있습니다. 하나님께서 내게 은혜를 베푸셔서 내 삶의 죄의 부채가 상환될 수 있도록 아들을 내어 주신 분이고, 원수 같은 나를 사랑하고 선대하신 분임을 기억하며, 그분이 나와 함께 계시다면, 내 삶에 마주하는 모든 과정 속에서 나는 언제나 예수님을 바라보며 살 수 있습니다.

(1) 대출이 제대로 나오지 않을 때, 나는 결코 좌절하지 않겠습니다. 후히 베푸시는 주님께서 분명히 나를 향한 목적대로 이끄심을 신뢰하겠습니다.

(2) 대출을 통해서 무언가를 하고 싶을 때, 목적을 생각하겠습니다. 소유 그 자체에 목적을 두는 탐욕으로 향하지 않겠습니다. 주님 안에서 만족할 때, 내가 대출을 늘리는 것과 소유하는 것 그 자체를 목적으로 삼지 않고, 내 삶의 탐욕을 다루시고, 절제를 기르시는 하나님을 발견할 것을 믿습니다.

(3) 대출금이 너무 많을 때조차도 은혜 베푸시는 분이 계심을 믿고 낙심치 않겠습니다. 죄도 대신 갚아 주셨는데, 이 과정이 나를

겸손케 하시고, 돈에 대해서 더 지혜롭게 하시고, 순간순간 후히 베푸셔서 나를 하나님의 뜻에 따라 이끄시는, 하나님을 사랑하게 만드시는 과정임을 알고 순종하겠습니다.

예수님을 믿는 자에게, 이 평안이 가능할 수 있습니다. 아들을 통해서 은혜를 베푸신 하나님 아버지의 사랑을 기억하며, 대출받고 대출을 갚는 이 레버리지의 시대 속에서 하나님이 주시는 특별한 지혜로 삶의 길을 여는 여러분들 되시기를 기도합니다.

오직 너희는 원수를 사랑하고 선대하며 아무것도 바라지 말고
꾸어 주라 그리하면 너희 상이 클 것이요… (눅 6:35).

크리스천의 투자노트

1. **멀리 보지 말라.**

   멀리 있는 목표는 다 불가능해 보인다. 내가 가진 일부의 소득을 하찮게 여겨서는 안 된다.

   쥐꼬리만한 월급도 중요하다. 일부를 가지고 할 수 있는 일이 기하급수적으로 늘어나는 것이 신용 사회이다.

2. **대출을 지혜롭게 활용하라.**

   나의 일부 소득은 대출을 활용하여 그 열매를 극대화할 수 있다.

   적절한 대출의 활용은 죄악이 아니다. 갚지 않는 것이 죄이다.

   무조건적으로 대출을 받는 것은 하나님의 뜻이 아니다. '부채의 양'이 하나님이 기뻐하시는 정도인지 스스로 질문해야 한다.

3. **대출의 선구자이신 예수님을 신뢰하라.**

   예수님은 자격 없는 내게 하나님 나라를 소유하게 해주셨다.

   아들을 주신 분을 믿을 때 대출 때문에 조급해지지 않을 수 있다.

사명선언문

너희가 흠이 없고 순전하여……세상에서 그들 가운데 빛들로
나타내며 생명의 말씀을 밝혀 _ 빌 2:15-16

1. 생명을 담겠습니다
만드는 책에 주님 주신 생명을 담겠습니다.
그 책으로 복음을 선포하겠습니다.

2. 말씀을 밝히겠습니다
생명의 근본은 말씀입니다.
말씀을 밝혀 성도와 교회의 성장을 돕겠습니다.

3. 빛이 되겠습니다
시대와 영혼의 어두움을 밝혀 주님 앞으로 이끄는
빛이 되는 책을 만들겠습니다.

4. 순전히 행하겠습니다
책을 만들고 전하는 일과 경영하는 일에 부끄러움이 없는
정직함으로 행하겠습니다.

5. 끝까지 전파하겠습니다
모든 사람에게, 땅 끝까지, 주님 오시는 그날까지
복음을 전하는 사명을 다하겠습니다.

서점 안내

광화문점 서울시 종로구 새문안로 69 구세군회관 1층
02)737-2288 / 02)737-4623(F)

강남점 서울시 서초구 신반포로 177 반포쇼핑타운 3동 2층
02)595-1211 / 02)595-3549(F)

구로점 서울시 동작구 시흥대로 602, 3층 302호
02)858-8744 / 02)838-0653(F)

노원점 서울시 노원구 동일로 1366 삼봉빌딩 지하 1층
02)938-7979 / 02)3391-6169(F)

일산점 경기도 고양시 일산서구 중앙로 1391 레이크타운 지하 1층
031)916-8787 / 031)916-8788(F)

의정부점 경기도 의정부시 청사로47번길 12 성산타워 3층
031)845-0600 / 031)852-6930(F)

인터넷서점 www.lifebook.co.kr